Finanzielle Selbstbestimmung

Nicolas Edling

Finanzielle Selbstbestimmung

Wie Sie sich absichern und Vermögen aufbauen

Nicolas Edling
Berlin, Deutschland

ISBN 978-3-658-23836-0   ISBN 978-3-658-23837-7   (eBook)
https://doi.org/10.1007/978-3-658-23837-7

Die Deutsche Nationalbibliothek verzeichnet diese Publikation in der Deutschen Nationalbibliografie; detaillierte bibliografische Daten sind im Internet über http://dnb.d-nb.de abrufbar.

© Springer Fachmedien Wiesbaden GmbH, ein Teil von Springer Nature 2019
Das Werk einschließlich aller seiner Teile ist urheberrechtlich geschützt. Jede Verwertung, die nicht ausdrücklich vom Urheberrechtsgesetz zugelassen ist, bedarf der vorherigen Zustimmung des Verlags. Das gilt insbesondere für Vervielfältigungen, Bearbeitungen, Übersetzungen, Mikroverfilmungen und die Einspeicherung und Verarbeitung in elektronischen Systemen.
Die Wiedergabe von Gebrauchsnamen, Handelsnamen, Warenbezeichnungen usw. in diesem Werk berechtigt auch ohne besondere Kennzeichnung nicht zu der Annahme, dass solche Namen im Sinne der Warenzeichen- und Markenschutz-Gesetzgebung als frei zu betrachten wären und daher von jedermann benutzt werden dürften.
Der Verlag, die Autoren und die Herausgeber gehen davon aus, dass die Angaben und Informationen in diesem Werk zum Zeitpunkt der Veröffentlichung vollständig und korrekt sind. Weder der Verlag, noch die Autoren oder die Herausgeber übernehmen, ausdrücklich oder implizit, Gewähr für den Inhalt des Werkes, etwaige Fehler oder Äußerungen. Der Verlag bleibt im Hinblick auf geografische Zuordnungen und Gebietsbezeichnungen in veröffentlichten Karten und Institutionsadressen neutral.

Titelbild: Visions-AD – stock.adobe.com

Springer ist ein Imprint der eingetragenen Gesellschaft Springer Fachmedien Wiesbaden GmbH und ist ein Teil von Springer Nature
Die Anschrift der Gesellschaft ist: Abraham-Lincoln-Str. 46, 65189 Wiesbaden, Germany

Das Geheimnis der Veränderung ist, dass man sich mit all seiner Energie nicht darauf konzentriert, das Alte zu bekämpfen, sondern darauf, das Neue zu erbauen.
Sokrates (469 bis 399 v. Chr.)

Vorwort: Ziel des Buches

Als Leser dieses Buches bekommen Sie ein Konzept an die Hand, mit dem Sie Ihren persönlichen Weg zur finanziellen Selbstbestimmung finden und erfolgreich beschreiten können. Sie erhalten einen Ansatz, der individuell ausgestaltbar ist und der es Ihnen ermöglicht, Ihre finanziellen Wünsche zu verwirklichen und frei zu leben.

Der vorgestellte Ansatz ist individuell auf Ihre Lebenssituation anpassbar. Sie selbst können festlegen, was Ihre finanzielle Vision von einem selbstbestimmten Leben ist. Ob Ihr Ziel eine Million Euro Vermögen oder 1000 EUR monatliches Einkommen ohne Arbeit ist, ist dabei egal. Die methodischen Grundlagen, das finanzielle Basiswissen und die praktischen Werkzeuge zur Umsetzung, die Sie benötigen, um Ihre individuelle finanzielle Vision zu erreichen, sind immer gleich. Sie müssen ein Geldbewusstsein entwickeln, das Reichtum anzieht, und gleichzeitig Ihre Finanzen so strukturieren, dass diese Sie absichern und Sie darüber hinaus zielgerichtet Vermögen aufbauen.

Dies ermöglicht das Konzept der zwei Geldkreisläufe. Das Konzept ist individuell auf Ihre Gegebenheiten anpassbar und führt bei Umsetzung zwangsläufig zum Vermögensaufbau. Das Gute ist, dass dieses Konzept einkommensunabhängig funktioniert. Einfach gesagt: Sie erhalten einen Baukastenansatz für Ihren Weg zur finanziellen Selbstbestimmung.

Alle Ansätze im Buch beruhen ausschließlich auf Wissen, das einfach, bewährt, praxisorientiert ist und wiederholbare Ergebnisse liefert. Es geht nicht um trockene Theorie, sondern Sie durch „lebensschlaues" Wissen in die Lage zu versetzen, Ihre Finanzen eigenständig zu managen und finanzielle Selbstbestimmung zu erreichen.

Lassen Sie uns gemeinsam in den finanziellen Erfolg starten!

Berlin, im Spätherbst 2018   Dr. Nicolas Edling

Wie Sie am besten mit diesem Buch arbeiten

Das reine Lesen dieses Buches wird nichts an Ihrer finanziellen Situation ändern. Um wirklich etwas zu verändern, müssen Sie sich aktiv mit dem in diesem Buch vorgestellten Ansatz beschäftigen und diesen für sich so anpassen und umsetzen, damit er zu Ihrem Leben passt.

Ein Ansatz kann grundsätzlich nicht alle Eventualitäten und Besonderheiten eines menschlichen Lebens berücksichtigen. Er ist nur eine vereinfachte Darstellung der Realität. Sie werden daher für sich selbst entscheiden müssen, wie Sie mit den vorgestellten Ansätzen umgehen. Sie werden stets einen Hinweis finden, wie Sie an eine individuelle Ausgestaltung herangehen können. Die tatsächliche Ausgestaltung obliegt am Ende jedoch Ihnen selbst.

Es wird nicht von heute auf morgen gehen
Veränderung benötigt Zeit. Sie können nicht von jetzt auf gleich Ihr Leben komplett umkrempeln. Genauso ist es auch mit Ihrer privaten finanziellen Situation. Sie haben sich über Jahre Verhaltensmuster antrainiert, die Sie heute unbewusst befolgen. Diese können Sie nicht sofort ablegen und durch neue ersetzen.

Geben Sie sich bitte daher nicht der Illusion hin, gleich alles auf einmal ändern zu wollen, sondern gehen Sie Schritt für Schritt an die Sache heran. Fehler sowie gute und schlechte Erfahrungen, sogar der ein oder andere Rückfall gehören dazu.

Sie können daraus nur lernen. Sehen Sie es als Feedback. Ignorieren Sie bitte nicht einfach, wenn Sie in alte Verhaltensmuster zurückfallen, sondern hinterfragen Sie für sich das Warum. Werfen Sie bitte auch nicht nach dem ersten Rückschlag alles hin. Vergessen Sie nicht, Sie haben Geldgewohnheiten, die Sie durch Abschauen und Erziehung gelernt haben und die somit tief verankert sind. Es braucht einfach Zeit, Zielgerichtetheit, Disziplin und Durchhaltevermögen und eine gewisse Frustrationstoleranz, um diese zu ändern.

Es geht nicht immer um „harte" Themen
An vielen Stellen des Buches werden „weiche" Thematiken, wie die Einstellung zum Geld, das Schaffen einer finanziellen Vision etc. angesprochen und erläutert. Unterschätzen Sie bitte nicht die Wirkung dieser Themen auf Ihre finanzielle Zukunft. Sie sind Basis dafür, finanziell erfolgreich zu sein. Nur, wenn Sie sich mit diesen Themen und somit mit sich selbst auseinander setzen und persönlich wachsen, werden Sie auch das erreichen können, was Sie sich erträumen. Anderenfalls werden Sie immer wieder an ähnlichen Problemen scheitern. Glauben Sie mir und ersparen Sie sich bitte die Jahre, die es mich selbst gekostet hat, um dies zu verinnerlichen. Beschäftigen Sie sich zunächst mit den „weichen" Themen. Was danach kommt, wird Ihnen umso leichter fallen.

Werden Sie konkret
Schriftlich festgehaltene Gedanken und Ziele entwickeln eine stärkere Dynamik als einmalige Überlegungen. Durch Aufschreiben zwingen Sie sich, konkret zu werden. Sie denken beim Aufschreiben nicht nur flüchtig über etwas nach, sondern formulieren automatisch mit Bedacht. Zudem verlieren Sie einmal gefundene Erkenntnisse nicht gleich wieder, denn Sie können sich Ihre Aufzeichnungen immer wieder ins Gedächtnis rufen. Sie können diese wieder und wieder nutzen, überarbeiten und weiterentwickeln. Sie können Ihre schriftlich festgehaltenen Gedanken immer wieder lesen und diese so verinnerlichen.

Im Rückblick können Sie aus Ihren Aufzeichnungen Motivation schöpfen. Denn Sie können noch Jahre später sehen, von wo aus Sie gestartet sind und was Sie bereits alles erreicht haben. Der Mensch gewöhnt sich schnell an Erfolge und vergisst so oft, was er schon alles geleistet hat. Außerdem kann ich Ihnen aus Erfahrung sagen, es ist ein zauberhaftes Erlebnis, im Rückblick zu sehen, wie Ihre Gedanken in der Vergangenheit der Startpunkt waren für das, was Sie heute sind und haben.

Ich wünsche Ihnen viel Spaß beim Lesen und in die Aktion gehen!

Inhaltsverzeichnis

1 Finanzielle Selbstbestimmung – Worum geht es? ... 1
  1.1 Der Zusammenhang zwischen finanzieller Selbstbestimmung und Wachstum ... 6
  1.2 Ihr persönlicher finanzieller Baukasten ... 10
  Literatur ... 13

2 Schaffen Sie die Basis für Ihren finanziellen Erfolg ... 15
  2.1 Eine finanzielle Vision haben – Ohne Ziele kann es keinen Erfolg geben ... 18
  2.2 Die Wahrnehmung von Geld ist der Schlüssel ... 23
  2.3 Verstehen Sie, was Vermögen ist ... 28
  2.4 Wie Sie passives Einkommen aufbauen ... 38
  2.5 Ohne Transparenz geht es nicht – Verstehen Sie Ihre finanzielle Situation ... 44
  Literatur ... 55

3 Nur Sparen und gezielte Investition führen zu finanzieller Selbstbestimmung ... 57
  3.1 Das Wenn-dann-Sparverhalten ... 64
  3.2 Das Erstrang-Sparverhalten ... 67
  3.3 Der 50 %-Spar-Turboansatz ... 70
  3.4 Der Umgang mit Schulden ... 73

4 Das Konzept der zwei Geldkreisläufe 79
   4.1 Der Alltagskreislauf 85
       4.1.1 Der Bereich Zahlungsabwicklung 86
       4.1.2 Der Bereich finanzielle Absicherung 87
       4.1.3 Der Bereich kurzfristige Sparziele 92
       4.1.4 Die Verbindung des Alltagskreislaufs mit dem Vermögenskreislauf 92
   4.2 Der Vermögenskreislauf 96
   Literatur 100

5 Ihr Weg zur finanziellen Selbstbestimmung 101
   5.1 Erste Phase: Der Aufbau Ihres finanziellen Schutzes 108
   5.2 Zweite Phase: Der Aufbau Ihres Vermögens 116
   5.3 Wie Sie zielgerichtet Vermögen aufbauen 122
       5.3.1 Typische Anlagefehler, die Sie vermeiden sollten 129
       5.3.2 Wissenschaftliche Erkenntnisse als Basis für Ihren Investitionserfolg 138
       5.3.3 Die Global-Trend-ETF-Strategie 162
   Literatur 179

6 Erst Geben macht Sie wirklich reich 181

Sachverzeichnis 185

Über den Autor

Dr. Nicolas Edling ist Experte im Bereich „private Finanzen und Vermögensaufbau". Seine Vision ist, dass alle Menschen eine einkommensunabhängige Chance erhalten, finanzielle Selbstbestimmung zu erreichen. Er setzt sich aktiv für „lebensschlaue" private Finanzbildung für jedermann ein.

Nach einer umfassenden akademischen Ausbildung promovierte er und lehrt aktuell als Dozent an verschiedenen Hochschulen. Er verfügt über umfangreiche Berufserfahrung im Finanz- und Strategiebereich. Als Unternehmensberater arbeitete er sowohl in finanzstrategischen internationalen Projekten von Großkonzernen als auch bei mittelständischen Unternehmen. Ergänzend verfügt er im Bereich der Finanzregulierung über eine breite Expertise und kann auch hier auf umfangreiche Berufserfahrung zurückblicken.

Bereits mit 15 Jahren begann er an der Börse zu investieren und Vermögen aufzubauen. Basierend auf dieser über 20-jährigen Investitionserfahrung sowie wissenschaftlichen Erkenntnissen hat er einen Ansatz entwickelt, wie jeder, auch Sie, einkommensunabhängig finanzielle Selbstbestimmung erreichen kann. Diesen Ansatz gibt er in diesem Buch sowie auf den „EASY FINANCE DAYS" weiter. Mehr Informationen zu den „EASY FINANCE DAYS" und den weiteren Projekten von Dr. Nicolas Edling finden Sie unter: www.nicolas-edling.de.

Finanzielle Selbstbestimmung – Worum geht es? 1

> In diesem Kapitel geht es darum, was finanzielle Selbstbestimmung ist und warum es wichtig ist, dass auch Sie finanziell selbstbestimmt werden. In diesem Kontext wird der Zusammenhang zwischen finanzieller Selbstbestimmung und Wachstum erklärt. Das universelle und unumstößliche Gesetz SEIN – TUN – HABEN wird erläutert und auf den finanziellen Bereich übertragen. Ergänzend wird der in diesem Buch verfolgte Ansatz – Vision, Basis, Schutz und Selbstbestimmung – überblicksartig beschrieben.

In unserer heutigen post-industriellen Welt der „Überfluss- und Lustgesellschaft" orientiert sich das menschliche Handeln immer stärker an materiellen Gegenständen und Luxus. Viele Menschen suchen nach ihrer Selbstbestimmung, rennen aber oft nur materiellen Verheißungen (Gegenständen und Gütern) hinterher. Sie streben nach Erfüllung und Anerkennung. Sie folgen aber einem nach außen gerichteten sozialen Status, der mehr denn je durch Statussymbole erkaufbar erscheint und innerhalb aller Gesellschaftskreise über diese propagiert wird.

Fraglich ist, ob der Besitz dieser Statussymbole – Güter, die Geld symbolisieren und somit das „Dazugehören"– das Ziel jedes Einzelnen ist bzw. sein sollte. Geht es im Leben darum, sich durch Geld Status zu erkaufen? Oder sollte Geld vielmehr als Wegbereiter und Sicherung der individuellen Selbstbestimmung im Leben dienen? Ist Geld nicht die Voraussetzung für Freiheit im Leben? Dafür, dass wir selbst entscheiden können, was wir mit unserer Zeit machen und nicht tagein, tagaus durch unsere Arbeit und somit durch Andere bestimmt werden?

Die Vision eines selbstbestimmten Lebens
Wie wäre es, wenn Sie ein Vermögen besäßen, das Ihre alltäglichen Kosten begleicht? Sodass Sie nicht mehr arbeiten gehen müssten, um zu überleben? Sie komplett frei entscheiden könnten, womit Sie sich beschäftigen möchten? Sie selbst bestimmen könnten, wofür Sie Ihre Zeit einsetzen, ohne von Arbeitszeiten getaktet zu sein? Sie ausschließlich selbstgewählte Ziele verfolgen könnten und nicht mehr darum kämpfen müssten, die Karriereleiter emporzusteigen? Sie nicht mehr von Ihrem Arbeitseinkommen abhängig wären, sondern Ihren Alltag frei und ohne finanzielle Sorgen genießen könnten? Wäre dies nicht wunderbar?

Genau dies beschreibt, was finanzielle Selbstbestimmung ist: Sie können entscheiden, was Sie in Ihrem Leben machen möchten. Das Gute ist: dies muss kein Traum bleiben. Dieses Buch vermittelt Ihnen das Wissen, wie Sie diese Vision erreichen können.

Warum die Realität oft anders aussieht
Leider sieht die Realität meist aber ganz anders aus. Wir lernen als Kind durch Taschengeld und/oder den ersten Ferienjob, dass Geld begrenzt ist bzw. für Geld gearbeitet werden muss. Unsere Eltern leben uns in den meisten Fällen genau das vor. Sie selbst steuern oftmals nicht ihre finanzielle Situation, sondern sind vom (mangelnden) Geld getrieben. Geld wird somit schon in frühester Kindheit mit Knappheit verknüpft.

Dieses frühzeitig negativ belegte Verhältnis zu Geld führt häufig dazu, dass Menschen sich nicht mit Geld beschäftigen. Ja, dass Geld sogar teilweise zu einem Tabuthema wird. Hinzu kommt, dass viele Produktangebote der Banken und Versicherungen für Privatpersonen kompliziert und schwer verständlich sind. Diese Umstände können bis zur Mystifizierung von Geld (Vermögen) als etwas Unerreichbarem führen. Diese negative Sichtweise ist jedoch keinesfalls gerechtfertigt.

Eine negative Geldwahrnehmung wird durch einen Mangel an Wissen ausgelöst. Es fehlt einfach an dem notwendigen Knowhow, um die eigenen Finanzen zielgerichtet zu steuern und finanziell mündig zu werden. Ist auch klar, denn wo soll der richtige Umgang mit Geld auch erlernt werden?

Die Finanzbildung in Deutschland ist mangelhaft
Das deutsche Schulsystem versagt im Bereich der privaten finanziellen Bildung bisher komplett. Es gibt kein „private Finanzbildung" im Lehrplan. Dies ist aber seit Jahren dringend notwendig. Selbst an Universitäten und Hochschulen wird im betriebswirtschaftlichen Studium nur die Unternehmensseite beleuchtet. Die Bürger werden vom Staat in puncto Finanzbildung alleine gelassen und jeder muss für sich selbst schauen, wie er sich dem Thema nähert.

Die meisten Eltern können diese Lücke nur bedingt schließen. Sie können ihren Kindern nur das beibringen, was sie selbst einmal gelernt haben. Sind sie selbst aber nicht vermögend, so können sie ihren Kindern auch nicht beibringen, finanziell erfolgreich zu sein. Wie denn auch? Ihnen fehlt es ja selbst am notwendigen Wissen und der entsprechenden Erfahrung. Ihnen hat es ebenfalls niemand beigebracht.

Schaut man sich die Folgen an, so wird schnell klar: wir Deutsche haben erheblichen Nachholbedarf. Repräsentative Studien zeigen, dass wir im Finanzbereich nicht gerade mit Wissen glänzen. So zeigen beispielsweise die Ergebnisse des Sparerkompass Deutschland 2016 (Bank of Scotland 2016), dass sich fast jeder vierte Deutsche beim Thema „Finanzen und Geldanlage" schlecht oder gar nicht informiert fühlt. Somit ist ca. ein Viertel der deutschen Bevölkerung in einem essenziellen Lebensbereich unmündig. Über 55 % fühlen sich lediglich mittelmäßig gut informiert. Nur ungefähr jeder Fünfte hingegen gut. Bei der Interpretation der Ergebnisse ist zu beachten, dass Menschen ihr Wissen und Können in der Regel zu hoch einschätzen (Overconfidence-Bias). Der Anteil an schlecht informierten Bürgern liegt daher vermutlich höher.

Diese Vermutung bestätigt eine schon etwas ältere Studie des Max-Planck-Institutes und der Zeppelin-Universität in Friedrichshafen (Wobker et al. 2014). Die Studie zeigt schwerwiegende

Wissenslücken über ökonomische Fakten und Zusammenhänge der deutschen Bevölkerung. Durchschnittlich konnten die Studienteilnehmer nur 14 von 24 Fragen im Bereich einfaches Wirtschaftswissen richtig beantworten. Ein äußerst erschreckendes Studienergebnis ist beispielsweise, dass über 70 % der Studienteilnehmer keine einfache Zinsrechnung konnten. Insgesamt kann somit keinesfalls von einem ausreichenden Bildungsniveau im Finanzbereich in Deutschland gesprochen werden. Es wird höchste Zeit, dass die Politik endlich tätig wird und Finanzbildung als Pflichtfach in die Schulbildung integriert. Sie sollten hierauf jedoch nicht warten, sondern selbst tätig werden.

Bitte keine Theorie, sondern „lebensschlaues" Wissen
Viele werden jetzt sicher denken: Hilfe, ich will doch keine langweilige Finanztheorie büffeln! Ich will praktisches realitätsnahes Wissen, das ich einfach anwenden kann! Sehe ich auch so – genau das ist es, was wir brauchen! Allerdings können wir wohl in absehbarer Zeit so etwas nicht von unserem Schulsystem erwarten und auch vonseiten der Finanzindustrie ist eher keine bzw. wenn überhaupt nur eine sehr geringe Hilfe zu erwarten. Diese hat oft scheinbar lieber finanziell wenig gebildete Kunden, die sich auf den Rat der Kundenbetreuer verlassen (müssen). Nur so entsteht eine Abhängigkeit und es kann durch Provisionen für vermittelte Finanzprodukte kräftig verdient werden. Genau diese Abhängigkeit gilt es zu vermeiden.

Das Gute ist, Sie brauchen hierfür kein Studium oder ähnliches, sondern nur einige einfach umzusetzende Ansätze, die Sie in die Lage versetzen, sich finanziell abzusichern, Ihre Finanzen effektiv zu steuern und kontinuierlich Vermögen aufzubauen. Sie sollten somit aktiv werden und sich das notwendige Wissen für Ihren finanziellen Erfolg aneignen. Die Ansätze in diesem Buch werden Ihnen genau dies ermöglichen.

Die zweite Bedeutung von finanzieller Selbstbestimmung
Die eingangs umschriebene Definition von finanzieller Selbstbestimmung („Frei leben zu können, ohne dafür zwangsläufig permanent arbeiten zu müssen") muss um das Verständnis erweitert werden, dass finanzielle Selbstbestimmung auch bedeutet, dass eine Person über das notwendige Wissen verfügt,

um finanziell mündig zu sein. Im Wissenskontext ist eine Person somit finanziell selbstbestimmt, wenn sie in Geldangelegenheiten nicht von der Beratung Dritter abhängig ist, sondern ihre Finanzen bis hin zum Vermögensaufbau eigenständig managen kann.

Auch wenn es bequem ist und vielleicht sogar verlockend erscheint, sich auf Dritte – Berater, Freunde oder den/die Lebenspartner/in – zu verlassen – es ist der größte Fehler, den Sie im Finanzbereich machen können!

Setzen Sie sich bitte selbst mit Ihren Finanzen auseinander! Tun Sie es nicht, dann sind Sie in einem essenziellen Teil Ihres Lebens – Geld strahlt in alle Bereiche hinein! – auf Gedeih und Verderb von anderen abhängig. Sie könnten keine selbstbestimmten Entscheidungen treffen. Sie wären vom Wissen und Wohlwollen im finanziellen Bereich komplett ausgeliefert. Dies wollen Sie sicher nicht.

Vergessen Sie bitte nie: Das Wissen zum Erreichen finanzieller Mündigkeit ist Grundvoraussetzung, um das notwendige Vermögen aufzubauen, von dem Sie später selbstbestimmt leben können. Geben Sie dieses Wissen bitte nicht einfach aus der Hand!

Der Weg hin zu Ihrer finanziellen Selbstbestimmung ist somit auch immer ein Weg des kontinuierlichen Lernens und Ihres persönlichen Wachstums.

Kapitel 1 in Kürze
Ideen, die Ihr Leben verändern ...

Finanzielle Selbstbestimmung heißt:

1. Frei über die eigene Zeit entscheiden, ohne permanent arbeiten zu müssen.
2. Das notwendige Wissen besitzen, um eigenständig seine Finanzen zu managen.

Gehen Sie in die Aktion!

- Nehmen Sie die Verantwortung über Ihre Finanzen an.
- Eignen Sie sich das notwendige Wissen an, um finanzielle Selbstbestimmung zu erreichen.

1.1 Der Zusammenhang zwischen finanzieller Selbstbestimmung und Wachstum

Um ein Ziel zu erreichen, müssen Sie sich erst einmal zu der Person entwickeln, die dieses Ziel erreichen kann. Dies bedeutet, Sie müssen persönlich wachsen und hierfür notwendige Erfahrungen sammeln. Nur so können Sie Ihr Ziel erreichen.

Nicht anders ist es auch im Hinblick auf finanzielle Selbstbestimmung. Sie werden erst dann finanzielle Selbstbestimmung erreichen, wenn Sie finanziell mündig geworden sind und sich zu einer Person mit finanziell positiven Geldgewohnheiten entwickelt haben. Um sich diese Geldgewohnheiten anzueignen, benötigen Sie zunächst das Wissen, wie solche Gewohnheiten aussehen. Sie müssen lernen, an welchen Stellschrauben Sie drehen müssen, um finanziellen Erfolg erwarten zu können.

Gerade im Zusammenhang mit Geld wird die Wichtigkeit von Wissen und persönlicher Entwicklung hin zu einer finanziell mündigen Person mit positiven Geldgewohnheiten oft verkannt. Häufig herrscht das Denkmuster vor: „wenn ich nur mehr Geld hätte, wären alle Probleme gelöst". Dies ist jedoch falsch!

Mehr Geld schönt nur kurz ein bei Geldproblemen viel tiefer liegendes Problem. Der Hauptgrund für Geldprobleme ist nämlich fehlendes Wissen im Finanzbereich und hieraus resultierende negative Geldgewohnheiten (siehe hierzu auch Kap. 2 und speziell Abschn. 2.3). Bessere finanzielle Bildung führt zu einer besseren finanziellen Lebenssituation. Wenn Sie die Stellschrauben für finanziellen Erfolg kennen und wissen, wie Sie diese bedienen, werden Sie Ihre finanziellen Ziele erreichen und nicht mehr der Spielball Ihrer materiellen Wünsche bzw. Einnahmen und Ausgaben sein.

Mindestens ebenso wichtig wie ein solides alltagstaugliches Finanzwissen ist, dass Sie sich darüber im Klaren sind, was Sie finanziell erreichen möchten. Was für ein finanzielles Ziel Sie verfolgen und wie Sie für sich selbst Reichtum definieren. Denn nur mit einem klaren Ziel vor Augen können Sie dieses auch erreichen (siehe auch Abschn. 2.1). Sie wissen ja sonst gar nicht, wohin Sie wollen. Es geht somit nicht nur um das notwendige Wissen, sondern vielmehr auch um Ziele, Verhaltensregeln (Gewohnheiten) und um Ihre ganz persönliche Einstellung zum Thema „Geld".

Diese sogenannten „weichen" Faktoren sind hierbei nicht zu unterschätzen, sie prägen uns und unser Leben stark.

Das universelle Gesetz: SEIN – TUN – HABEN
Es ist wie bei allen Dingen im Leben, auch beim Erreichen finanzieller Selbstbestimmung gilt das unumstößliche Gesetz: SEIN – TUN – HABEN.

Zuerst müssen Sie innerlich für finanziellen Erfolg bereit sein und sich selbst als eine Person sehen, die es wert ist, finanziellen Erfolg zu haben. Es hängt also zunächst alles von dem Bild ab, das Sie von sich selbst haben (siehe hierzu auch Abschn. 2.2). Danach kann sich Ihr Tun entsprechend ändern und sich daraus eine Veränderung im Haben ergeben.

Ihr Selbstbild wird sich unweigerlich in Ihrem Handeln widerspiegeln. Kombiniert mit dem entsprechenden Wissen über die Stellhebel für finanziellen Erfolg werden Sie so positive Geldgewohnheiten etablieren und finanziell erfolgreich werden. Sie werden das neu gewonnene Wissen in Ihrem Handeln anwenden und sich dafür (un- bzw. unterbewusst) einsetzen. Wenn Sie jedoch in der Überzeugung verharren, dass Sie finanziell nie auf einen „grünen Zweig" kommen werden, dann werden Sie auch neu erlerntes Wissen nicht erfolgreich anwenden können bzw. sich unbewusst bei der Anwendung selbst boykottieren und schnell wieder aufgeben.

Sie können nichts erreichen und besitzen, ohne etwas dafür zu tun. Dies ist ein Fakt. Ebenfalls Fakt ist, dass das Haben durch das richtige Handeln unweigerlich wie von selbst folgt. Zu versuchen, die äußeren Umstände zu ändern, ohne sich selbst zu ändern, ist vergeudete Energie. Sie können nicht das

Bild im Spiegel ändern, indem Sie den Spiegel zerstören oder das Bild darauf übermalen. Ihre finanzielle Situation heute ist durch Ihr vergangenes Handeln und somit durch Ihre bisherige Überzeugung entstanden. Die heutige Situation können Sie nur ändern, wenn Sie Ihr Handeln nachhaltig ändern. Um dies zu erreichen, müssen Sie sich selbst ändern. Sie selbst müssen wachsen und neue Erkenntnisse erlangen, die Sie dann umsetzen. So und nur so werden Sie Ihre finanzielle Situation ändern können. Es gilt also immer erst SEIN, dann TUN und dann als Resultat HABEN.

Resultate in der realen Welt beginnen immer in uns selbst in Form eines Gedankens oder einer Idee. Wenn sich dieser Impuls festsetzt und zur eigenen Überzeugung wird, äußert er sich früher oder später in passendem Verhalten. Der Gedanke oder die Idee werden durch die resultierenden Handlungen real und wirken auf die äußere Welt.

Je genauer und präziser dieser Gedanke oder die Idee einmal war, desto präziser werden auch die späteren Handlungen sein und desto mehr Resultate werden erzielt. Wenn sich Energie auf einen Punkt konzentriert, kann sie mehr bewirken, als wenn sie über eine undefinierte große Fläche gestreut wird. So ist es auch mit zielgerichtetem Handeln.

Kurz: Ihr ganzes Leben muss mit dem übereinstimmen, was Sie erreichen wollen (innen und außen). Sie müssen sich so verhalten, als hätten Sie Ihr Ziel bereits erreicht. Dies bedeutet auf Geld übertragen, dass Sie auch mit geringen Beträgen so umgehen, wie es reiche Menschen mit großen Beträgen tun. Denn diese sind auch nur reich geworden, weil sie positive Geldgewohnheiten hatten und haben.

Viele Lotto-Millionäre werden früher oder später wieder arm bzw. verlieren das gesamte gewonnene Vermögen. Dies kommt daher, dass sie zwar von jetzt auf gleich über viel Geld verfügen, aber immer noch ihre alten, negativen Geldgewohnheiten haben und dies dazu führt, dass kein Vermögen aufgebaut und erhalten wird. Die alten negativen Geldgewohnheiten bewirken vielmehr, dass der plötzliche Reichtum sukzessive verkonsumiert oder anderweitig aufgezehrt wird, wenn er nicht gar durch Fehlinvestitionen oder falsche Großzügigkeit verloren geht. Zwar nicht von jetzt auf gleich, aber nach und nach. Genauso ist es auch umgekehrt. Verfügen Sie über positive Geldgewohnheiten, werden Sie früher oder später vermögend sein. Es geht gar nicht anders.

Lassen Sie uns gemeinsam schauen, wie Sie solche positiven Geldgewohnheiten erreichen und welche Schritte Sie auf dem Weg zu Ihrer finanziellen Selbstbestimmung am besten angehen.

Kapitel 1.1 in Kürze
Ideen, die Ihr Leben verändern ...

- Setzen Sie sich ein klares Ziel.
- Die Veränderung hin zum finanziellen Erfolg beginnt von innen heraus.
- Arbeiten Sie an Ihrem Selbstbild. Machen Sie sich bereit für echten Erfolg.
- Ein höheres Einkommen übertüncht nur kurzzeitig die eigentlichen Geldprobleme.
- Bilden Sie sich eigeninitiativ in Finanzdingen weiter.
- Ihr Finanzstatus wird sich immer nur so weiterentwickeln, wie Sie sich selbst weiterentwickeln.
- Richten Sie Ihr Leben auf das aus, was Sie erreichen wollen.

Gehen Sie in die Aktion!

- Entwickeln Sie sich und lernen Sie lebenslang dazu!
- Lesen Sie weiter!

1.2 Ihr persönlicher finanzieller Baukasten

Wir alle leben verschiedene Leben und haben unterschiedliche Lebensumstände und andere Probleme. Im Finanzbereich sind die Ursachen der Probleme und somit die Lösungen aber meist ähnlich gelagert. Nicht alles kann exakt gleich gelöst werden, aber die zu betätigenden Stellhebel sind immer identisch. Ich möchte Sie jetzt nicht in ein „Schema-F" hineinpressen und Ihnen eine Musterlösung verkaufen, die es gar nicht gibt. Vielmehr möchte ich Ihnen einen modularen Ansatz (Baukastenprinzip) vorstellen, den Sie individuell auf Ihr Leben anpassen können.

Der Ansatz ist flexibel aufgebaut und kann individuell und vor allem einkommensunabhängig umgesetzt werden. Sie bekommen Lösungen aufgezeigt und Alternativen beschrieben, können aber selbst entscheiden, was Sie wie umsetzen möchten. Eine Anpassung auf Ihre Ziele und aktuelle Lebenssituation ist ohne Probleme möglich.

Allerdings: wenn Sie einen Bereich komplett auslassen, werden Sie nur sehr schwer finanzielle Selbstbestimmung erreichen bzw. langfristig beibehalten können. Die Bereiche bauen wie Stufen aufeinander auf. Sie sollten sich daher mit allen Aspekten des beschriebenen Weges auseinandersetzen und diese für sich passend umsetzen. Machen Sie bitte nicht den Fehler, einen Bereich überspringen zu wollen, um scheinbar schneller ans Ziel zu kommen. Dies wird in den allermeisten Fällen nicht funktionieren. Oder besser gesagt, mir ist kein Fall bekannt, in dem es funktioniert hat.

Wissen sollte immer relevant, bewährt, einfach anzuwenden sein und wiederholbare Ergebnisse liefern
Der in diesem Buch beschriebene Ansatz zeichnet sich dadurch aus, dass er nur Ideen und Lösungsansätze umfasst, die heutzutage relevant, bewährt und einfach umzusetzen sind. Es handelt sich nicht um reine Theorie, sondern um direkt anwendbares und in der Praxis bewährtes „lebensschlaues" Wissen. Es liefert vergleichbare Resultate und ist somit kalkulierbar.

Sie erhalten Lösungsansätze für die vier essenziellen Fragen auf Ihrem Weg zur finanziellen Selbstbestimmung:

1. Vision – Wo stehen Sie und wohin wollen Sie?

Bevor Sie loslaufen können, um etwas zu verändern, müssen Sie erst einmal wissen, wo Sie aktuell stehen und wohin Sie überhaupt wollen. Viele Menschen haben eine zu grobe Idee von dem, was Sie finanziell erreichen möchten. Der Wunsch nach „Reichtum" reicht nicht aus. Sie brauchen eine konkrete finanzielle Vision, die Sie begeistert und antreibt. Nur so werden Sie Ihr Ziel erreichen. Speziell in Abschn. 2.1 werden Sie daher erfahren, warum es ohne eine finanzielle Vision nicht geht. Außerdem werden Sie verstehen, warum Ihre Ziele groß sein müssen und wie Sie sich auf Erfolg programmieren.

2. Basis – Wie entwickeln Sie positive Geldgewohnheiten?

Unsere Glaubenssätze und unser daraus resultierender alltäglicher Umgang mit Geld bestimmen, wie erfolgreich wir in finanzieller Hinsicht sind und sein werden. Auf dem Weg zur finanziellen Selbstbestimmung ist es daher essenziell, sich so früh wie möglich eine positive Verhaltensweise im Umgang mit Geld anzueignen und so die Voraussetzung zu schaffen, um quasi automatisch Vermögen aufzubauen.

Hierzu zählen beispielsweise die richtige Definition von Vermögenswerten und Verbindlichkeiten oder das Konzept des passiven Einkommens richtig zu verstehen. Gleichzeitig gilt es zu lernen, wie diese Ansätze einfach und zielführend in den Alltag integriert werden können. Den hierfür notwendigen Input finden Sie in den Kap. 2 und 3.

3. Finanzieller Schutz – Wie sichern Sie sich finanziell ab?

Finanzieller Schutz bildet die Basis für langfristigen finanziellen Erfolg und Selbstbestimmung. Sind Sie und Ihre Familie finanziell nicht abgesichert, können Sie kein nachhaltiges Vermögen aufbauen, da Letzteres selbst bei vorübergehenden finanziellen Problemen sofort gefährdet wäre.

Sie benötigen daher eine Absicherung zumindest gegen einkommensschwache Zeiten und unvorhersehbare Ereignisse, und zwar bevor Sie Vermögen aufbauen. Je nach persönlicher Risikoneigung sollte auch eine Absicherung gegen Extremfälle bedacht werden. Des Weiteren sollten Sie verstehen, wie Sie finanzielle Engpässe umgehen und kurzfristige Sparziele erreichen.

In Kap. 4 und 5 erfahren Sie, wie Sie diesen Schutz effizient mit dem Konzept der zwei Geldkreisläufe etablieren.

4. Finanzielle Selbstbestimmung – Wie bauen Sie Vermögen auf?
Vermögen ist die Grundlage für Freiheit im Leben. Um Vermögen aufbauen zu können, müssen Sie zum einen wissen, welche Anlagefehler Sie unbedingt vermeiden sollten und zum anderen, wie Sie zielgerichtet und risikobewusst investieren. Beim Investieren sollten Sie sich wissenschaftliche Erkenntnisse zunutze machen, um Ihre erwartete Rendite zu verbessern.

Dies alles werden Sie in Abschn. 5.3 lernen und als mögliche Umsetzungsvariante die Global-Trend-Strategie kennenlernen.

Lassen Sie uns nun beginnen, Ihre finanzielle Zukunft aktiv zu gestalten und die ersten Schritte auf Ihrem Weg zur finanziellen Selbstbestimmung zu gehen.

Kapitel 1.2 in Kürze
Ideen, die Ihr Leben verändern …

- Nur „lebensschlaues" Wissen, das heutzutage relevant, bewährt und einfach umzusetzen ist, bringt voran.
- Auf dem Weg zur finanziellen Selbstbestimmung gilt es, vier Bereiche zu beachten:
  I. Vision – Wo stehen Sie und wohin wollen Sie?
  II. Basis – Wie entwickeln Sie positive Geldgewohnheiten?
  III. Finanzieller Schutz – Wie sichern Sie sich finanziell ab?
  IV. Finanzielle Selbstbestimmung – Wie bauen Sie Vermögen auf?

Gehen Sie in die Aktion!

- Setzen Sie den Ansatz des Buches um.

Literatur

Bank of Scotland. 2016. Sparerkompass Deutschland 2016. https://www.der-finanzberater.de/storage/Dateien_Newsletter/Sparerkompass_2016.pdf. Zugegriffen: 7. Aug. 2018.

Wobker, Inga, Peter Kenning, Marco Lehmann-Waffenschmidt, und Gerd Gigerenzer. 2014. What do consumers know about the economy? A test of minimal economic knowledge in Germany. *Journal für Verbraucherschutz und Lebensmittelsicherheit* 9 (3): 231–242.

Schaffen Sie die Basis für Ihren finanziellen Erfolg 2

> In diesem Kapitel geht es um häufig und fälschlicherweise oft vernachlässigte weiche Faktoren zu Thema „Geld". Es geht darum, wie Sie eine positive Einstellung zu dem Thema „Geld" gewinnen und wie Sie sich eine finanzielle Vision erschaffen. Es wird erläutert, wie Reichtum wirklich entsteht und wie er sich automatisch vermehrt. Außerdem wird die Frage geklärt, wie Sie sich davor bewahren können, fälschlicherweise Verpflichtungen zu kaufen, anstatt in Vermögenswerte zu investieren. Es wird dargelegt, was passives Einkommen ist und wie auch Sie es aufbauen können. Sie werden verstehen, warum finanzielle Transparenz der erste Schritt zur Veränderung ist.

Ein weit verbreiteter Irrglaube ist, dass finanzieller Erfolg schwer zu erreichen sei. Dass ein sehr hohes Einkommen vonnöten sei. Dass kompliziertes Fachwissen notwendig sei und man dafür zumindest Finanzwirtschaft studiert haben müsse. Dies ist bei weitem nicht so.

Finanzieller Erfolg hängt wesentlich von Ihrer persönlichen Einstellung und den daraus entstehenden Gedanken zum Thema „Geld" ab. Es kommt somit stark darauf an, wie Sie sich dem Thema nähern. Wie Ihr Umgang mit Geld ist und ob Sie positive oder negative Geldgewohnheiten haben. Er hängt davon ab, ob Sie eine finanzielle Vision verfolgen, die Sie antreibt. Leider werden gerade diese „weichen Faktoren" oft vernachlässigt, dabei sind diese essenziell für finanziellen Erfolg.

Erfolg im Finanzbereich braucht allerdings auch ein gewisses Maß an finanziellem Know-how und solides Fachwissen, das Ihre alltäglichen finanziellen Entscheidungen erleichtert und in die richtigen Bahnen lenkt. Sie müssen verstehen, was Ihnen Geld einbringt – und was Sie Geld kostet. Kurz gesagt: was ein Vermögenswert ist und was eine Verbindlichkeit. Und nicht zuletzt bedarf es der Transparenz und dem Bewusstsein Ihrer finanziellen Situation. Sie müssen wissen, wo Sie stehen, um dann loslaufen zu können. Dieses Zusammenspiel bildet das notwendige Fundament für Ihren finanziellen Erfolg. Es ist nicht kompliziert und kann durch einfache Ansätze umgesetzt werden – allerdings müssen Sie es auch tatsächlich wollen.

Schieben Sie Veränderungen nicht auf
Machen Sie bitte nicht den Fehler, bei einigen in diesem Buch vorgestellten Konzepten zu sagen: „Bei meiner aktuellen finanziellen Situation bringt das alles eh nichts. Ich fange damit an, wenn ich das nötige Einkommen dazu habe."

Solange Sie nicht Ihre Finanzen managen und verstehen, wie Sie gezielt Vermögen aufbauen, wird Ihr Leben immer negativ durch Geld bestimmt sein. Nicht Sie werden über Ihre Finanzen bestimmen, sondern das Geld wird Sie bestimmen. Dies gilt einkommensunabhängig. Mehr Geld löst – wenn überhaupt – nur vorübergehend Geldprobleme – aber nie langfristig.

Es ist viel entscheidender, sich ein positives und geldanziehendes Verhalten zuzulegen, als sich auf die Höhe Ihres aktuellen Einkommens oder Vermögens zu konzentrieren. Haben Sie die richtigen und nützlichen Geldgewohnheiten, so werden Sie unweigerlich zu Vermögen kommen. Haben Sie jedoch negative bzw. schädliche Geldgewohnheiten, so werden Sie selbst zum Spielball Ihrer Einnahmen und Ausgaben und werden immer nur dem Geld hinterherlaufen.

2 Schaffen Sie die Basis für Ihren finanziellen Erfolg

Kapitel 2 in Kürze
Ideen, die Ihr Leben verändern ...

- Es ist ein Irrglaube, dass finanzieller Erfolg schwer zu erreichen sei.
- Finanzieller Erfolg hängt wesentlich von Ihrer persönlichen Einstellung zum Thema „Geld" ab.
- Finanzieller Erfolg bedarf eines gewissen Maßes an finanziellem Know-how und Fachwissen.
- Erst, wenn Sie Ihre Finanzen selbst durchschauen, richtig verstehen und verantwortlich managen, wird Ihr Leben nicht mehr durch äußere Abhängigkeit vom Geld bestimmt sein.
- Ein positives und geldanziehendes Verhalten ist entscheidender für finanziellen Erfolg als die Höhe Ihres aktuellen Einkommens oder Vermögens.

Gehen Sie in die Aktion!

- Nehmen Sie Ihren finanziellen Erfolg selbst in die Hand.
- Lernen Sie alles, was Sie wissen müssen, um finanziell selbstbestimmt und erfolgreich zu sein.

2.1 Eine finanzielle Vision haben – Ohne Ziele kann es keinen Erfolg geben

Ein Ziel zu haben, ist das Wichtigste! Ohne ein konkretes Ziel werden Sie nie finanzielle Selbstbestimmung erlangen. JA, so „einfach" ist es! Werden Sie sich dessen bitte bewusst und nehmen Sie diesen Fakt an.

Vielleicht denken Sie nun: Was soll das denn jetzt?! Ich wollte lernen, wie ich finanzielle Selbstbestimmung erreiche und nicht etwas „esoterisch Angehauchtes" über Ziele lesen. Ich wollte klare Methoden und einfache Tipps, um ein Vermögen aufzubauen, um endlich von meinem Geld sorgenfrei leben zu können. Ich kann Ihnen nur sagen, genauso ging es mir auch, als ich angefangen habe, mich mit den Themen Geld, Vermögen und Reichtum zu befassen. Ich hatte zwar über das Faktum der notwendigen Idee – des Ziels – gelesen, aber den Ansatz abgetan und nicht für mich umgesetzt. Allerdings – auch wenn es einige Zeit gedauert hat – habe ich lernen müssen, dass ohne eine Vision nichts erfolgreich umgesetzt werden kann. Es wurde mir klar, dass ich nichts erreichen werde, was ich nicht wirklich möchte und wovon ich keine klaren Vorstellungen habe. Wie denn auch? Ich würde ja nicht einmal wissen, wohin die Reise gehen soll.

Ich habe auch gelernt, dass ein Ziel zu haben allein nicht genug ist. Es bedarf vielmehr auch eines durchdachten Planes, um das Ziel zu erreichen. Wenn dann als dritte Komponente noch Emotionalität ins Spiel kommt, wird das Ziel gepaart mit einem Plan und positiven Emotionen zur Vision. Und genau solch eine Vision kann Berge versetzen und uns zu Höchstleistungen antreiben.

Im Konkreten bedeutet dies, dass Ihr Ziel und Ihr Plan zur Zielerreichung emotional aufgeladen sein müssen. Sie müssen mit starken positiven Gefühlen verbunden sein. Gleichzeitig muss das Scheitern negative Emotionen auslösen. So einfach machen Sie sich unsere Urinstinkte zunutze. Denn wir alle wollen Schmerz vermeiden und Freude empfinden.

Setzen Sie sich scheinbar unerreichbare Ziele
Der Hauptgrund, warum viele Menschen nicht das erreichen, was sie „wollen", ist: sie wissen überhaupt nicht, was sie wollen. Fragen Sie doch einmal in Ihrem Bekanntenkreis: Was willst Du finanziell erreichen? Viele werden entweder sagen: „da habe ich mir noch keine konkreten Gedanken dazu gemacht" oder „ich will reich werden". Erhalten Sie die zweite Antwort und fragen Sie dann konkret nach: „Was bedeutet denn, Du willst reich werden?", so kommt meist keine eindeutige Antwort.

Bei reichen Menschen hingegen ist dies anders, diese hatten und haben klare Ziele. Dieter Hopp (Milliardär und Mitgründer von SAP) zum Beispiel wusste schon in seiner Jugend, dass er Millionär werden wollte – er hat sein Ziel bei weitem übertroffen. Von ihm stammt auch angeblich das Zitat *„Wer sich keine Ziele setzt, kann auch nichts Besonderes erreichen"*. Ich kann Ihnen nur sagen, er hat Recht.

Wichtig ist, dass Sie sich Ziele setzen – aber mindestens genauso wichtig ist, dass Sie sich große scheinbar unerreichbare Ziele setzen. Warum Ihre Ziele so riesig sein sollten, hat einen einfachen und logischen Grund: Denn nur Ziele, die groß genug sind, um Probleme zu überstrahlen, verlieren Sie nicht aus den Augen, wenn Probleme auf den Weg zur Zielerreichung auftreten.

Jedes Problem nehmen wir immer im Verhältnis zum Ziel war. Problem und Ziel stehen somit in starker Konkurrenz zueinander. Je größer das Ziel ist, desto weniger hat das Problem die Möglichkeit, die Oberhand zu gewinnen. Sind Probleme relativ gesehen klein, dann verlieren wir das Ziel nicht aus den Augen. Am besten setzen wir uns daher Ziele, die wir nicht glauben, in unserem Leben erreichen zu können bzw. nahezu unrealistisch erscheinen. Siehe hierzu auch Abb. 2.1.

Große – scheinbar unerreichbare – Ziele haben den weiteren Vorteil, dass Sie unsere Wahrnehmung erweitern. Wir beschränken uns nicht selbst, sondern geben uns kreativen Freiraum, um uns zu entfalten und zu entwickeln. Solche visionären Ziele erhöhen unsere Wahrnehmung für Chancen. Wir bleiben nicht bei dem ersten kleinen Hindernis stecken, sondern suchen freier nach Lösungen.

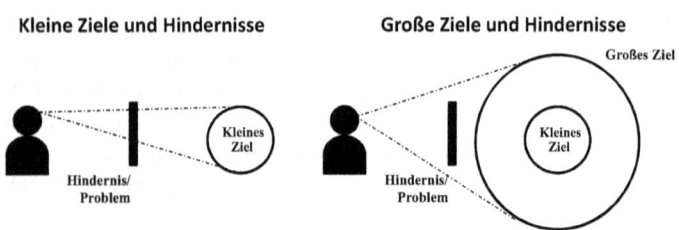

Abb. 2.1 Der Zusammenhang zwischen kleinen und großen Zielen bei der Problemwahrnehmung

Darüber hinaus ist Fakt: wir werden nur das erreichen, was wir uns als Ziel setzen. Setzen wir uns kleine Ziele, werden wir auch nur diese kleinen Ziele erreichen. Wir beschränken uns somit selbst.

Machen Sie nicht den Fehler, nicht groß genug zu denken. Was spricht dagegen, sich große Ziele zu setzen? Meist nur der fehlende Glaube an sich selbst und die eigene Beschränkung. Überwinden Sie diese selbst gesetzten Grenzen und gestehen Sie sich große Erfolge zu. Sie werden umso glücklicher und erfolgreicher leben.

Machen Sie sich Ihren eigenen Plan
Neben Ihren Zielen benötigen Sie noch einen Plan, um Ihr Ziel zu erreichen. Denn ohne Plan, kann Ihr Ziel Ihnen eventuell zu übermächtig erscheinen und Sie eher hemmen als anspornen. Durch einen Plan holen Sie Ihr Ziel jedoch von einem fiktiven Wunsch aktiv in Ihr Leben. Sie können etwas dafür tun, Ihr Ziel zu erreichen. Sie müssen nur Ihrem Plan folgen. Ein Plan bricht Ihr übergeordnetes Ziel in besser überschaubare Teilziele herunter. Sie wissen nun, in welche Richtung Sie loslaufen müssen und was Ihre nächsten Schritte zur Zielerreichung sind.

Wichtig ist, dass Ihr Plan nicht für alle Zeit in Stein gemeißelt ist, sondern einen momentanen möglichen Weg zur Zielerreichung aufzeigt. Pläne können und sollten im Zeitablauf geändert bzw. konkretisiert werden. Passen Sie daher Ihren Plan an, sobald ein besserer Weg zur Zielerreichung erkennbar ist. Es ist nicht notwendig, sofort einen Plan zu haben, um seine Ziele zu erreichen. Die Findung eines sinnvollen Plans bedarf seiner Zeit und aktiven Auseinandersetzens mit dem Ziel. Nehmen Sie sich diese Zeit und machen Sie sich einen Plan für Ihre finanzielle Zukunft. Sie werden in den Kap. 4 und 5 ein Baukastenprinzip – das Konzept der zwei Geldkreisläufe – kennenlerne, was Sie hierzu nutzen können.

Emotionen machen aus Ihren Zielen eine Vision
Die dritte Komponente zur Schaffung Ihrer finanziellen Vision ist die Verbindung Ihres Ziels (und Plans) mit Emotionen.

Wenn Sie ein Ziel für sich definieren, dann müssen Sie sich bewusst dafür entscheiden und sich voll und ganz darauf einlassen. Machen Sie sich vor Ihrer Wahl bewusst: Wollen Sie so leben, wollen Sie dies wirklich? Malen Sie sich aus, wie sich die Zielerreichung anfühlt und was sich wie in Ihrem Leben ändern würde.

Oft werden Sie feststellen, dass Ihr zuerst gehegter Wunsch nicht das ist, was Sie eigentlich wollen. Haben Sie jedoch herausgefunden, was Sie wirklich wollen, so beginnen Sie, Ihr Ziel mit positiven Emotionen zu verbinden. Schreiben Sie sich auf, was sich alles zum Positiven ändern wird, sobald Sie Ihr Ziel erreicht haben. Schließen Sie die Augen und versuchen Sie sich in die Situation der Zielerreichung hineinzuversetzen; einzufühlen wie es wäre… So schaffen Sie sich eine Vision, die Sie an Ihr Ziel bringen wird.

Visualisieren Sie nun Ihr Vision täglich; so wird diese unterbewusst zum Muss und Sie werden nicht aufgeben, bis Sie Ihr Vision erreicht haben. Ihr Vision wird so zum magnetischen Gedanken, der Sie begeistert und Ihr wahres Potenzial entfacht.

Um diesen tiefen inneren Wunsch dauerhaft zu entfachen, halten Sie Ihr Vision und alle positiven damit verbundenen Emotionen schriftlich fest. Lesen Sie sich jeden Tag morgens und abends Ihre Notizen durch. Visualisieren Sie dabei das Gefühl der Zielerreichung.

Lassen Sie keine Zweifel oder negativen Gedanken zu. Wenn solche Gedanken hochkommen, sagen Sie bewusst und laut: NEIN – STOPP, ich schaffe das! Durch diese einfache Technik trainieren Sie Ihr Unterbewusstsein. Ihr Ziel wird normal und ein Muss für Sie, es zu erreichen. Die positiven Gefühle potenzieren die Wirkung. Sie aktivieren Ihre Urinstinkte. Ihr Ziel wird wichtiger und wichtiger, ja unerlässlich für Sie und ist nicht mehr nur ein ab und zu gehegter Wunsch.

Sie haben sich eine Vision erschaffen!

Kapitel 2.1 in Kürze
Ideen, die Ihr Leben verändern ...

- Setzen Sie sich immer Ziele.
- Setzen Sie sich immer große Ziele.
- Brechen Sie Ihr Ziel in einen Plan runter.
- Durch Emotionen wird Ihr Ziel zur Vision.
- Visualisieren Sie Ihr Ziel täglich.
- Laden Sie Ihr Ziel bei der Visualisierung emotional auf.
- Lassen Sie keine Zweifel oder negativen Gedanken zu – sagen Sie: NEIN – STOPP, ich schaffe das!

Gehen Sie in die Aktion!

- Nehmen Sie sich Zeit und werden Sie sich Ihrer Ziele im Leben bewusst.
- Formulieren Sie aus den Erkenntnissen Ihre finanzielle Vision.
- Halten Sie alle positiven, mit Ihrer finanziellen Vision verbundenen Emotionen schriftlich fest.
- Lesen Sie sich jeden Tag zweimal Ihre Notizen durch.
- Visualisieren Sie beim Lesen das positive Gefühl der Zielerreichung.

2.2 Die Wahrnehmung von Geld ist der Schlüssel

Der Selfmade-Millionär und Reichenforscher Steve Siebold hat in über 26 Jahren mehr als 1200 der reichsten Menschen der Welt interviewt und in seinem Buch „How Rich People Think" (Siebold 2010) die Erkenntnisse aus den Gesprächen prägnant zusammengefasst. Diesen Wissensschatz können wir uns zunutze machen, indem wir die einfache und für jedermann anwendbare Quintessenz aus Siebolds Forschungen verinnerlichen. Diese lautet:

▶ Reichtum fängt damit an, wie wir über Geld und das Geldverdienen denken.

Der Unterschied zwischen Arm und Reich liegt in der Einstellung
Reiche Menschen sehen Reichtum und Vermögen als ihr Recht an. Die Masse hingegen denkt, dass Reichtum etwas mit Glück zu tun hat und nur für wenige erreichbar ist. Reiche Menschen glauben zudem, Geld zu verdienen sei einfach, die Masse hingegen, es sei schwer. Reiche sind davon überzeugt, dass Geld durch Denken (Ideen) verdient wird, die Masse hingegen, dass Geld hart durch Zeit und Arbeit verdient werden muss. Reiche wissen, dass durch Lösungen für Probleme Geld verdient wird – je größer die Lösung, desto größer der Gehaltsscheck. Sie glauben daran, dass Geld Freiheit schenkt, während die Masse glaubt, Geld kontrolliere sie. Reiche Menschen sind davon überzeugt, ein Unternehmen zu gründen mache reich, die Masse hingegen sieht Unternehmensgründung als Risiko. Die Masse denkt, reiche Menschen seien intelligenter. Sie heben so Reichtum auf ein scheinbar unerreichbares Podest. Wobei reiche Menschen meist einfach nur schlauer und versierter in dem erfolgreichen Umgang mit Alltagsproblemen sind – sie sind „straßenschlau" („street smart savvy").

Zusammengefasst ist das unspektakuläre Geheimnis von Reichtum somit immer gleich: Es liegt nur in der Denkweise über Geld. Die meisten Menschen glauben, dass reich zu werden außerhalb ihrer Möglichkeiten liegt, sogar unerreichbar für sie ist. Reiche Menschen hingegen haben verinnerlicht und wissen, dass Reichwerden Einstellungssache ist.

Werden Sie sich daher bitte darüber bewusst, was Sie über Geld und Geldverdienen denken. Denn Sie bekommen nur das, was Sie unterbewusst auch verinnerlicht haben und fordern. Fragen Sie sich daher:

- Welche Meinung haben Sie zum Thema Finanzen?
- Was denken Sie über Reichtum?
- Was bedeutet Geld für Sie?

Finden Sie heraus, was Sie wirklich denken. Schreiben Sie alle Ihre Assoziationen zum Thema Geld, Reichtum und Vermögen auf. Werden Sie sich Ihrer individuellen Geldwahrnehmung bewusst. Stellen Sie schriftlich negative und positive Assoziationen gegenüber.

Formulieren Sie für sich ein positives Geldbild (z. B. Geld schützt meine Familie und mich und ermöglicht mir ein glückliches Leben). Lesen Sie sich dieses jeden Tag durch, bis Sie es verinnerlicht haben und es zu Ihrer Geldwahrnehmung geworden ist. Arbeiten Sie so lange an sich, bis alle negativen Assoziationen zum Thema Geld und Reichtum verschwunden sind und durch positive ersetzt wurden.

Positiver Umgang mit Geld
Reich wird man nicht, indem man möglichst viel Geld hortet und es auf einem Sparkonto bei der Bank parkt – es sozusagen „stilllegt". Für einen positiven Umgang mit Geld muss man zunächst verstehen und akzeptieren, dass Geld kommt und geht. Man sollte dankbar sein, wenn es da ist und alle Voraussetzungen schaffen, damit es kommen und sich vermehren kann.

Mit der wichtigste Faktor beim Umgang mit Geld ist, dass Sie sich nicht an Geld klammern und es als ein rares Gut behandeln. Versuchen Sie nicht, krampfhaft Ihr Geld festzuhalten, sonst werden Sie nur Ängste schüren und es nicht halten können. Sie werden unbewusst Ihrer Angst nachlaufen und Fehler machen. Geld ist im stetigen Fluss. Es wandert von einer zur anderen Möglichkeit. Große Vermögen können schnell entstehen, aber auch schnell wieder vergehen.

Lernen Sie, Geld gern zu geben. Das heißt nicht, dass Sie Ihr Geld einfach unter die Menschen bringen oder es für unnützen kurzfristigen Konsum ausgeben sollen. Ziel sollte es vielmehr sein, Geld so einzusetzen, dass es Ihnen und anderen Freude bereitet, Neues erschafft und Sicherheit gibt. Nur so kann es seine positive Kraft entfalten. Das Verblüffende ist, wenn Sie anderen etwas Gutes tun, bekommen Sie dies früher oder später vermehrt zurück. Probieren Sie es bitte aus. Sie werden erstaunt sein (siehe auch Kap. 6).

Neben Geld von Herzen zu geben ist es genauso wichtig, Geld gerne anzunehmen. Viele Menschen haben leider ein Problem damit, sich für Ihre Leistungen bezahlen zu lassen. Lernen Sie, für Ihre Leistungen eine adäquate materielle Gegenleistung anzunehmen und einzufordern. Seien Sie sich etwas wert!

Sich an viel Geld gewöhnen
Wenn Sie über viel Geld verfügen möchten, dann müssen Sie sich daran gewöhnen, mit viel Geld umzugehen. Fangen Sie daher an, alle Ihre Einkäufe – wenn immer es möglich ist – bar zu bezahlen. Egal, ob es das Eis an der Ecke ist oder die neue Waschmaschine, weil Ihre alte kaputtgegangen ist. Ja, selbst das neue Auto. Heben Sie auch bei größeren Ausgaben das Geld von Ihrem Konto ab und bezahlen Sie in bar. Zum einen werden Sie sich bewusst, wie viel Geld Sie gerade ausgeben, und zum anderen gewöhnen Sie sich daran, mit großen Geldbeträgen im Alltag umzugehen. Lernen Sie große Geldbeträge zu akzeptieren. Es

muss für Sie normal sein, über mehrere hunderte und tausende Euro in bar zu verfügen.

Hören Sie auf, per Karte zu bezahlen. Durch Kartenzahlung verlieren Sie den Bezug zum Geld. Die Wissenschaftler Prelec und Loewenstein haben bereits 1998 (Perlec und Loewenstein 1998) darauf hingewiesen, dass bei Kreditkartenzahlung keine unmittelbarer Bezug zur Abrechnung und somit zum bezahlten Geld besteht. Kreditkartenzahlungen werden normalerweise als Sammelabrechnung am Ende eines Monats vom Konto abgebucht. Durch dieses zeitliche Auseinanderfallen verlieren wir den unmittelbaren Bezug zur Bezahlung. Der „Schmerz der Bezahlung" – das Weggeben von Geld – entfällt und wir sind eher dazu verführt, mehr Geld als gewollt auszugeben. Wir erleben nämlich direkt nur die Freude des Kaufs.

Wie viel Geld haben Sie normalerweise bei sich? Sind es 20, 30, 100, 500 oder mehr Euro?

> Ich habe aktuell ——————————— Euro in meinem Portemonnaie.

Grundsätzlich sollten Sie immer mindestens 500 EUR in bar in Ihrem Portemonnaie haben. Geben Sie diese 500 EUR nicht aus. Sie sind dafür da, dass der Besitz von hohen Geldbeträgen für Sie normal wird. Wenn Sie etwas von den 500 EUR ausgeben müssen, da Sie zum Beispiel gerade für einen Einkauf sonst nicht genug Bargeld dabei hatten, füllen Sie den dann fehlenden Betrag sofort wieder auf. Durch diese einfache Methode bringen Sie Ihrem Unterbewusstsein ganz nebenbei bei: Sie sind es wert, viel Geld zu besitzen!

2.2 Die Wahrnehmung von Geld ist der Schlüssel

Kapitel 2.2 in Kürze
Ideen, die Ihr Leben verändern ...

- Reichtum fängt damit an, wie wir über Geld und das Geldverdienen denken.
- Klammern Sie sich nicht an Geld. Geld kommt und geht.
- Gewöhnen Sie sich an hohe Geldbeträge.
- Lernen Sie, Geld gerne anzunehmen.

Gehen Sie in die Aktion!

- Schreiben Sie alle Ihre Assoziationen zum Thema Geld, Reichtum und Vermögen auf.
- Stellen Sie schriftlich negative und positive Assoziationen gegenüber.
- Formulieren Sie für sich ein positives Geldbild.
- Lesen Sie sich Ihr positives Geldbild jeden Tag durch, bis Sie es verinnerlicht haben und es zu Ihrer Geldwahrnehmung geworden ist.
- Haben Sie immer mindestens 500 EUR in bar bei sich.
- Bezahlen Sie immer in bar – auch die großen Einkäufe.
- Fordern Sie für Ihre Leistungen immer eine adäquate materielle Gegenleistung.

2.3 Verstehen Sie, was Vermögen ist

Viele Menschen haben die Vorstellung, dass alle Geldprobleme gelöst seien, wenn sie eine große Gehaltserhöhung bekämen oder, noch besser, im Lotto gewännen: Wenn doch nur mehr Geld da wäre, dann wäre doch alles gut und so viel einfacher…

Dies ist aber leider nicht so und ein komplett falsches Denkmuster. Sie werden nicht Ihre Geldprobleme lösen oder Vermögen aufbauen, wenn Ihre Gedanken nur um die Frage kreisen: Hätte ich doch nur mehr Geld? Das Grundproblem liegt wo ganz anders.

Menschen mit Geldproblemen haben ein falsches oder kein Verständnis davon, was Vermögenswerte und Verbindlichkeiten sind. Sie ordnen diesen beiden Kategorien falsche Dinge zu. Oft wissen diese Menschen nicht einmal, warum sie in finanziellen Schwierigkeiten stecken. Bekommen sie dann mehr Geld, so läuft es kurze Zeit besser – jedoch nicht auf Dauer. Sie finden sich meist schnell in derselben oder in einer noch schlimmeren Situation wieder als zuvor.

Ein Beispiel

Stellen Sie sich einen jungen Mann vor, der studiert und mit BAföG gerade so um die Runden kommt. Nach seinem Studium fängt er bei einem großen internationalen Unternehmen an zu arbeiten. Er verdient viel Geld und kann sich jetzt endlich das leisten, was er schon immer während seines Studiums wollte. Er kauft sich Markenkleidung, geht gerne oft und gut essen, fährt in Urlaub, least sich sein erstes Auto und zieht in eine größere Wohnung. Er lebt erst mal im Hier und Jetzt und will genießen. Er ist ja schließlich noch jung – gerade mal Ende 20 – und hat noch genug Zeit, um fürs Alter und so zu sparen. Ja, er hat ja ein gutes Einkommen und kann zukünftig sicherlich ohne Probleme etwas zurücklegen. Das Gehalt wird ja wohl auch noch steigen.

Irgendwann verliebt er sich, zieht mit seiner Freundin in eine größere Wohnung zusammen und nach ein paar Jahren wollen sie heiraten. Gut, dass sie doch schon etwas gespart hatten, schließlich verdienen ja beide gut. Da blieb am Monatsende fast immer etwas zum Sparen übrig. Wer sonst sollte denn nun auch die teure Traum-Hochzeit in der See-Residenz bezahlen? Das befreundete Pärchen von nebenan hat ja schließlich auch auf einem Schloss geheiratet und von denen hat keiner eine führende Position. Unser bald frisch gebackenes Ehepaar beide aber schon. Also, was soll's! Das Ersparte erst mal in die Traumhochzeit investieren. Ist schließlich der schönste Tag im Leben und Schulden muss man ja dafür nicht mal machen. Und danach erst mal in die Karibik – Flitterwochen!

In der Zeit nach der Hochzeit geht die Karriere weiter und die neue Wohnungseinrichtung kann gekauft und das neue Auto geleast werden. Ah … Moment, es sind ja schon zwei Autos (obere Mittelklasse aus Deutschland). Schließlich müssen beide ja bequem und schnell zur Arbeit kommen.

Die Beziehung der beiden entwickelt sich gut, sie wollen nun auch gerne Kinder haben. Abgesichert sind sie neuerdings auch. Denn seit einem halben Jahr haben sie zwei Lebensversicherungen mit einer Mindestrendite von 0,9 % und der Option auf eine Überschussbeteiligung. Den Kindern soll natürlich auch etwas geboten werden; also muss ein schickes Haus mit Garten im Vorort her. Ist ja schließlich eine Investition fürs Alter. Die Anzahlung ist auch möglich, weil beide gute Gehälter haben und meist am Monatsende auch etwas übrig bleibt, das dann gespart werden konnte. Also die gesamten Ersparnisse direkt ins Haus investieren, um die Zinsen noch mal um 0,1 % zu drücken. Die Bank soll schließlich nicht reich gemacht werden. Kommt ja bald wieder neues Geld rein. Außerdem ist der Senior-Manager-Posten und somit die fette Gehaltserhöhung für ihn nun schon fast greifbar nahe. Maximal noch ein bis zwei Jahre. Nur blöd, dass dann auch mehr Steuern zu zahlen sind.

Leider wird es dann mit zwei Kindern und Haus doch teilweise finanziell etwas eng (ungeplante Hausreparaturen, Musikinstrument und -unterricht für die Kleinen etc.) und die Senior-Manager-Beförderung lässt auch auf sich warten. Aber alles kein Problem, denn es gibt ja die Kreditkarte oder den Dispokredit, um kurz zwischenzufinanzieren. Als dann noch die Bank anbietet, die Kreditkartenschulden in ein festes, günstiges Darlehen umzuschichten, ist das neue, lang ersehnte Auto auch noch drin. Die Kreditkartenschulden sind ja nun auf 20 Jahre mit superkleiner Rate gestreckt und die 100 EUR teurere Leasingrate somit kein Problem mehr. Die tut ja nicht weh. Ach ja, und zukünftig machen die beiden ja auch keine Kreditkartenschulden mehr. Jetzt ist ja alles geregelt.

Am nächsten Wochenende fragen dann zufällig die Nachbarn von rechts, ob sie nicht mit zu einem Outlet wollen. Da gebe es immer Super-Angebote. Eigentlich brauchen die beiden nichts, aber etwas bummeln mit Freunden, warum nicht. Schnell noch die Kreditkarte eingepackt, falls es wirklich ein super einmaliges Schnäppchenangebot gibt. Der nächste Bonus kommt ja sicher oder halt das Umschuldungsangebot, wenn er ausbleibt.

Haben Sie bemerkt, wie einfach es geht, große Verpflichtungen aufzubauen? Autokredite, Hauskredit, Konsumkredite etc. Was ist denn nur passiert? Trotz mehr Geld und zwei Einkommen am Ende mehr Schulden? Kann das überhaupt sein? Ja, das kann und es ist leider oft so. Die Menschen fragen sich nicht, wie sie ihre Geldgewohnheiten ändern können, um Vermögen aufzubauen, sondern sie fragen sich nur, wie kann ich mehr Geld verdienen?

Mehr Geld löst keine Probleme
Mehr Geld alleine löst keine Geld-Problem, sondern beschleunigt diese nur. Ein kurzes „Geldhoch" (Gehaltserhöhung, Bonuszahlung etc.) führt nämlich zu noch stärkeren falschen Geldgewohnheiten. Man hat sich ja an die neue luxuriöse Situation schnell gewöhnt und macht einfach so weiter wie bisher. Mehr Geld macht somit oft unser Unwissen nur deutlich, es löst – ohne das notwendige Wissen über Vermögenswerte und Verbindlichkeiten – jedoch langfristig keine Geldprobleme.

Das richtige Wissen darüber, was Vermögenswerte und Verbindlichkeiten sind, verändert hingegen alles. Ohne dieses

2.3 Verstehen Sie, was Vermögen ist

Wissen verschärft mehr Geld nur Ihre falsche Denkweise und somit das falsche Muster, wie Sie mit Geld umgehen. Lebensorientiertes finanzielles Wissen hingegen führt dazu, dass man weiß, wie man mit Geld, das man verdient hat, umgeht, und wie man sicherstellt, dass man es auch weiterhin behält. Es nicht sinnlos ausgibt oder falsch investiert. Es somit kein anderer bekommt, sondern es für einen selbst arbeitet und Erträge abwirft.

Leider wird dieses Wissen nicht in der Schule oder an der Universität gelehrt. Viele Menschen sind hoch gebildet. Sie haben Fachwissen erworben, studiert und sich permanent weitergebildet, um als Angestellter durch (harte) Arbeit (viel) Geld verdienen zu können. Sie haben aber nicht gelernt, ihre privaten Finanzen zu managen und beispielsweise passive Einkommen (Abschn. 2.4) aufzubauen. Trotz hoher Einkommen kommen sie oft nicht nachhaltig auf einen grünen Zweig. Es fehlt ihnen nicht das Wissen, um Geld verdienen zu können, sondern, wie man es ausgibt und vor allem wofür, um reich zu werden. Dabei ist es gar nicht schwer zu verstehen, wie Vermögen aufgebaut wird. Sie müssen nämlich nur Vermögenswerte anstelle von Verbindlichkeiten erwerben.

Vermögenswerte und Verbindlichkeiten
Um zu verstehen, was ein Vermögenswert und was eine Verbindlichkeit ist, muss man sich nur die aus beiden resultierenden Zahlungsströme vor Augen halten. Einfach gesagt, ist ein Vermögenswert etwas, das Geld bringt – Sie erhalten zukünftig Zahlungen. Eine Verbindlichkeit hingegen kostet Geld – Sie müssen dafür zukünftig Zahlungen leisten. Mehr ist es nicht. Ganz einfach. Siehe hierzu auch Abb. 2.2.

Wenn Sie sich von nun an vor jeder zukünftigen Investition die Frage stellen: „Werde ich hieraus zukünftig Zahlungen erhalten oder muss ich für Instandhaltung, Versicherungen oder was auch immer zukünftig Geld zahlen?", dann werden Sie nie wieder im falschen Glauben Verbindlichkeiten anstelle von Vermögenswerten kaufen. Verinnerlichen Sie bitte daher die folgenden zwei einfachen Definitionen:

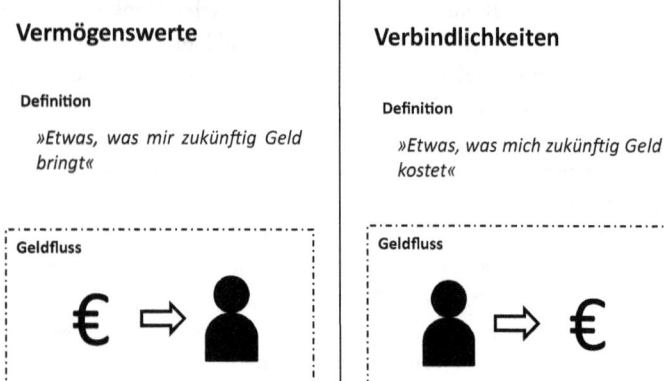

Abb. 2.2 Vermögenswerte und Verbindlichkeiten

▷ **Vermögenswert: Ein Vermögenswert ist etwas, was mir zukünftig Geld bringt.**

▷ **Verbindlichkeit: Eine Verbindlichkeit ist etwas, was mich zukünftig Geld kostet.**

Der fatale Fehler, ein Haus als Vermögenswert zu sehen
Um ein für alle Mal mit einem weit verbreiteten Irrtum aufzuräumen: Eine eigengenutzte Immobilie ist kein Vermögenswert!

Um diesen Fakt auch inhaltlich zu begreifen, schauen wir uns einmal den Zahlungsstrom, der durch den Kauf einer eigengenutzten Immobilie verursacht wird, an. Zunächst zahlen wir den Kaufpreis, Grunderwerbsteuer, Notarkosten, eventuell Maklerprovision und meist Renovierungs- oder Sanierungskosten. Der Großteil dieser Kosten wird in den allermeisten Fällen durch einen Bankkredit finanziert. Gleichzeitig stecken wir oft 10 bis 25 % des Kaufpreises sowie die Erwerbsnebenkosten aus Ersparnissen in den Immobilienkauf. Oft fließen fast alle Ersparnisse in den Immobilienkauf.

2.3 Verstehen Sie, was Vermögen ist

Es wird so durch den Immobilienkauf liquides frei verfügbares Vermögen geparkt und ist nicht mehr verfügbar. Es wirft nicht einmal mehr Zinsen ab. Ist der Kauf formal erfolgt, beginnen die monatlichen Zahlungen an die Bank (Kreditraten: Zins und Tilgung). Ergänzend kommen Grundsteuer und Versicherungskosten für die Immobilie sowie Sparraten für Instandhaltung und Renovierung dazu. Es wird nun jeden Monat für die eigengenutzte Immobilie gezahlt. Je nach Finanzierung bis zu über 30 Jahre. Einnahmen sind keine in Sicht.

Einfach zusammengefasst, verursacht der Hauskauf Schulden (Hypothek), laufende Kosten für Grundsteuer, Versicherungen, Instandhaltung sowie Dienstleistungen. Eine theoretische Wertsteigerung ist denkbar, aber unsicher und findet nur auf dem Papier statt, solange wir die Immobilie selbst bewohnen. Die meisten Immobilienbesitzer arbeiten oft nur, um ihre Immobilie im Alter abbezahlt zu haben. Sie haben oft kein Geld mehr übrig für Investitionen in Vermögenswerte.

Jetzt werden viele sagen: „Aber wenn ich das Haus abbezahlt habe, muss ich im Alter keine Miete mehr zahlen und bin daher abgesichert." Ja, wenn Ihr Haus einmal abbezahlt ist, dann müssen Sie keine Miete mehr zahlen. Richtig, aber Sie haben bis dahin meist ein Großteil ihrer Einkünfte in das Haus gesteckt und konnten somit kein Vermögen aufbauen. Sie haben nur Ihr Haus, was keinen Ertrag abwirft und weiterhin Grundsteuer, Versicherung, Instandhaltung kostet. Darüber hinaus haben Sie wertvolle Zeit und Geld verloren, um Vermögen aufzubauen (Vermögenswerte zu erwerben).

Rechenbeispiele: das Haus als schlechte Geldanlage
Nehmen wir mal an, Ihre Immobilie hatte einen Kaufpreis von 500.000 EUR. Sie hatten 450.000 EUR finanziert und ca. 109.000 EUR[1] Eigenkapital (inkl. Erwerbsnebenkosten) eingebracht. Innerhalb von ca. 25 Jahre haben Sie Ihren Kredit abbezahlt. Ihre Zinsen betragen für diesen Zeitraum 2,5 % jähr-

---

[1] 50.000 EUR Anzahlung beim Kauf, 30.000 EUR Grunderwerbssteuer (6,0 %), 12.500 EUR Notarkosten (2,5 %) und 37.000 EUR an Maklerprovision (7,14 %).

lich und die anfängliche Tilgung liegt bei 3,0 %. Insgesamt werden Sie somit ca. 600.000 EUR an die Bank bezahlen. Mit den Erwerbsnebenkosten hat Ihr Haus Sie also am Ende stolze 709.000 EUR gekostet.

Für Ihr Haus würden Sie, wenn Sie es mieten müssten, vielleicht um die 1400 EUR im Monat (Kaltmiete) zahlen. Nebenkosten haben Sie ja immer, auch in den eigenen vier Wänden. Wir lassen diese daher der Einfachheit halber aus dem Vergleich weg, wobei die Nebenkosten einer eigengenutzten Immobilie fast immer höher sind als Mietnebenkosten. Lassen wir diese Differenz zugunsten Ihres Hauses trotzdem mal außer Acht. Das heißt, Sie sparen im Alter zwölf mal 1400 EUR – also 16.800 EUR jährlich. Hört sich im ersten Moment viel an. Nehmen wir nun aber mal an, Sie hätten die 709.000 EUR investiert und eine jährliche Rendite von 5,0 %. Dies ist eine niedrige, sehr realistische Rendite (siehe hierzu Abschn. 5.3). Sie würden somit Erträge von 35.450 EUR im Jahr erwirtschaften. Diese müssen Sie mit der Abgeltungssteuer[2] pauschal versteuern. Somit blieben 26.135,51 EUR Gewinn für Sie, Jahr für Jahr – ohne dass Sie dafür arbeiten gehen müssten (passives Einkommen). Sie könnten somit Ihre Miete bezahlen und hätten noch an die 10.000 EUR zur freien Verfügung. Selbst bei einer Rendite von 3,2 % würden Sie nach Steuern noch mehr verdienen, als was Sie an Miete sparen würden.

Ihre Immobilie hätte Sie somit 709.000 EUR gekostet und Ihnen würden jedes Jahr ca. 26.500 EUR entgehen – nach Mietzahlung 10.000 EUR, die Sie frei zur Verfügung hätten. Hierbei sind noch nicht die zu zahlende Grundsteuer und die höheren Nebenkosten einer eigengenutzten Immobilie im Vergleich zur Miete einberechnet. Sehen Sie, eine eigengenutzte Immobilie rentiert sich nicht. Wie auch, sie ist ja kein Vermögenswert!

---

[2]Seit 2009 fällt auf Kapitalerträge (Zinsen, Dividenden, Veräußerungsgewinne von Aktien und Anleihen etc.) pauschal 25 % Abgeltungssteuer an. Hiermit ist es jedoch noch nicht getan, da auch noch der Solidaritätszuschlag in Höhe von 5,5 % auf die 25 % Abgeltungssteuer erhoben wird. Es entsteht so eine gesamte Steuerlast von 26,375 %. Sind Sie in der Kirche, so müssen Sie darüber hinaus auch noch Kirchensteuer auf Ihre Kapitalerträge zahlen.

2.3 Verstehen Sie, was Vermögen ist

Wenn eine eigengenutzte Immobilie kein Vermögenswert ist, heißt das dann, dass Sie immer zur Miete wohnen sollen? Nein, das heißt es nicht. Jeder sollte für sich selbst entscheiden, wie er wohnen möchte und was ihm oder ihr das wert ist. Allerdings sollten Sie keine von Ihnen selbst genutzte Immobilie zur Vermögensanlage in dem Glauben kaufen, die Immobilie sei ein Vermögenswert. Sie kaufen sich eine Verbindlichkeit ein.

Wenn Sie sich für einen Immobilienkauf entscheiden, wählen Sie bitte stets die geringste mögliche Tilgung und investieren Sie so wenig wie möglich Eigenkapital. Eine Beleihung von bis zu 100 % ist sinnvoll. Denn nur so haben Sie nach dem Hauskauf noch genügend finanziellen Spielraum, um Vermögen aufbauen zu können. Notar- und Maklerkosten sowie Grunderwerbssteuer wollen die Banken meist als Minimum aus Eigenkapital finanziert haben. Dies ist auch sinnvoll, da diesen Kosten keine Gegenwerte entgegenstehen. Beim Kaufpreis der Immobilie hingegen schon. Versuchen Sie, die Maklerkosten mit dem Verkäufer mindestens zu teilen, denn dieser hat den Makler schließlich selbst beauftragt. Im Idealfall ist die Kreditrate (Zins und Tilgung) für Ihre eigene Immobilie nicht höher als eine vergleichbare Kaltmiete. Aktuell ist in einigen Städten in Deutschland es sogar teilweise möglich, von der monatlichen Belastung her günstiger zu kaufen als zu mieten. Wir sind halt gerade in einer absoluten Niedrigzinsphase.

Kaufen Sie sich nur eine Immobilie in Top-Lage. Nur in diesen Lagen ist es wahrscheinlich, dass Ihre Immobilie an Wert gewinnt und Sie diese bei Bedarf schnell verkaufen oder vermieten können. Lassen Sie sich von Ihrem Steuerberater berechnen, ab welcher Miethöhe Sie Zins, Tilgung und sonstige Nebenkosten nach Steuern aus den Mieteinnahmen bezahlen können. Falls diese Miethöhe unrealistisch ist, würden Sie bei einer Vermietung sehr wahrscheinlich Geld jeden Monat zuschießen müssen und der Kaufpreis der Immobilie ist definitiv überteuert.

Im Übrigen ist im Gegensatz zu einer eigengenutzten Immobilie eine vermietete Immobilie ein Vermögenswert. Diese generiert nach dem Kauf nämlich Erträge in Form von Mieteinnahmen.

Warum Reiche immer reicher werden
Der Grund, warum reiche Menschen immer reicher werden, ist, dass sie mehr Vermögenswerte als Verbindlichkeiten besitzen. Die Erträge, die ihre Vermögenswerte abwerfen, sind höher als ihre Ausgaben. Als Folge können die überschüssigen Erträge wiederum in neue Vermögenswerte investiert werden. So entsteht ein Vermögen, das sich von selbst vermehrt. Es wächst aus eigener Kraft heraus. Es arbeitet sozusagen für seinen Besitzer.

Ich bezeichne solch eine Situation als perfekte Vermögensbilanz. Unter dem Strich sind die Einkünfte aus den Vermögenswerten, die eine Person besitzt, größer als die Verpflichtungen dieser Person. Es entsteht nicht nur ein positiver Geldstrom aus der Bilanz zwischen Vermögenswerten und Verbindlichkeiten, nein – dieser positive Geldstrom ist sogar so groß, dass er dazu genutzt werden kann, alle Verpflichtungen zu begleichen und darüber hinaus weitere Vermögenswerte zu erwerben. Es entsteht ein „finanzielles Perpetuum mobile" durch passives Einkommen (Abschn. 2.4).

Das finanzielle Problem der Mittelschicht
Das finanzielle Problem der Mittelschicht ist, dass deren primäre Einkünfte auf Lohn- und Gehaltszahlungen beruhen. Die Mittelschicht muss arbeiten gehen, um ihre Rechnungen bezahlen zu können. Steigen die Einkünfte durch eine Gehaltserhöhung, steigen auch die Steuerausgaben. Kalte Progression nennt man so etwas. Die Mehrarbeit lohnt sich prozentual gesehen immer weniger.

Hinzu kommt, dass die Mittelschicht viele Verbindlichkeiten – wie Autos oder Häuser – besitzt, an denen der Zahn der Zeit nagt und die Instandhaltung durch die Inflation Jahr für Jahr stetig teurer wird. Somit steigen meist im gleichen Maß wie das Einkommen auch die Ausgaben. Reichtum kann so nicht entstehen.

Die einzige Lösung, aus diesem Kreislauf herauszukommen, ist: der permanente Erwerb von Vermögenswerten und somit der kurzfristige Konsumverzicht für langfristigen Wohlstandsaufbau. Einfach gesagt, die Generierung von passivem Einkommen.

2.3 Verstehen Sie, was Vermögen ist

Kapitel 2.3 in Kürze
Ideen, die Ihr Leben verändern ...

- Mehr Geld alleine löst keine Probleme.
- Um etwas zu ändern, müssen sich Ihr Verhalten und Ihre Einstellung ändern.
- Es ist unerlässlich, zu verstehen, was ein Vermögenswert und was eine Verbindlichkeit ist.
  - Ein Vermögenswert ist etwas, was mir Geld bringt.
  - Eine Verbindlichkeit ist etwas, was mich Geld kostet.
- Eine eigengenutzte Immobilie ist kein Vermögenswert!
- Reiche werden immer reicher, da sie mehr Vermögenswerte als Verbindlichkeiten besitzen.
- Das finanzielle Problem der Mittelschicht ist, dass deren primäre Einkünfte auf Lohn- und Gehaltszahlungen beruhen.

Gehen Sie in die Aktion!

- Überprüfen Sie Ihre bisherige Einschätzung von Vermögenswerten und Verbindlichkeiten.
- Stellen Sie sich vor jeder Investition immer die Frage: Werde ich aus meiner Investition zukünftig Zahlungen erhalten oder muss ich zukünftig Geld zahlen?

2.4 Wie Sie passives Einkommen aufbauen

Ein wesentlicher Unterschied zwischen reichen und armen Menschen bzw. Menschen aus der Mittelschicht ist: Reiche Menschen lassen ihr Geld hart für sich arbeiten, alle anderen arbeiten hart für ihr Geld.

Die meisten Menschen lernen in ihrer Kindheit, dass sie für Geld hart arbeiten müssen. Sind die meisten Menschen reich? Nein! Arbeiten die meisten Menschen hart? Wohl eher ja. Also kann an diesem Ansatz doch etwas nicht stimmen. Er funktioniert nicht!

Ich möchte gar nicht infrage stellen, dass es wichtig ist, dass Sie hart arbeiten, um viel Geld zu verdienen. Allerdings bitte nur so lange, bis Sie genug Geld verdient haben, um Ihr verdientes Geld für Sie selbst hart arbeiten zu lassen. Dies ist jedoch nur möglich, wenn Sie beginnen, neben Ihrem Arbeitseinkommen zusätzlich passives Einkommen aufzubauen.

Was ist passives Einkommen?
Die Ausübung eines Berufes mit Arbeitsvertrag und festen Arbeitszeiten bedeutet einfach ausgedrückt: Sie verkaufen einen Teil Ihrer Zeit für Geld an Ihren Arbeitgeber. Sie bekommen daher nur dann Geld, wenn Sie auch für Ihren Arbeitgeber arbeiten. Arbeiten Sie nicht mehr, bekommen Sie auch kein Gehalt mehr. Sie befinden sich somit in einer Art von „Hamsterrad". Sie müssen arbeiten, um leben zu können.

Die Idee von passivem Einkommen hingegen ist, dass Sie auch dann Geld bekommen, wenn Sie nicht permanent dafür arbeiten. Bei passivem Einkommen handelt es sich somit um Einkünfte, die Ihnen aus Einkommensquellen zufließen, ohne dass Sie sich permanent um diese kümmern müssen. Passives Einkommen kann somit wie folgt definiert werden:

▶ **Passives Einkommen: Einkommen, das Ihnen langfristig ohne Ihr (ständiges) Zutun zufließt.**

Dies bedeutet aber nicht, das Sie passives Einkommen als „Geld verdienen ohne Arbeit" auffassen sollten. Passives Einkommen bedeutet nämlich nicht, für Nichtstun Geld zu bekommen. Im Gegenteil, gerade um passive Einkommensquellen aufzubauen, bedarf es viel Arbeit und Zeit. Auch die spätere Pflege Ihrer passiven Einkommensquellen wird Zeit in Anspruch nehmen und Arbeit verursachen. All diese Arbeit lohnt sich aber und zahlt sich in Form von passivem Einkommen aus.

Muss ich, wenn ich passives Einkommen habe, nie wieder arbeiten?
Wenn Sie einmal so weit sind, dass Sie Ihren Lebensunterhalt durch passives Einkommen finanzieren können und somit finanzielle Selbstbestimmung erreicht haben, dann heißt dies nicht, dass Sie nie wieder arbeiten müssen. Denn auch Einkommensquellen für passives Einkommen brauchen einen gewissen Grad an Pflege. Der Pflegeaufwand hängt hierbei stark von der Einkommensquelle ab. Haben Sie beispielsweise ein hohes Einkommen aus Dividendenzahlungen, so bedarf dies weniger Pflege, als wenn Sie beispielsweise passives Einkommen aus einer Webseite durch Werbeeinnahmen generieren.

Der entscheidende Vorteil von passivem Einkommen im Allgemeinen ist jedoch, dass die Pflege passiver Einkommensquellen – wenn Sie einmal aufgebaut sind – signifikant weniger Zeit in Anspruch nimmt, als wenn Sie für gleiches Einkommen arbeiten gehen müssten. Sie haben somit einen Großteil Ihrer Zeit gewonnen und für sich zu Ihrer freien Verfügung.

Teilweise liegt der Pflegeaufwand sogar nahe bei Null. Dies ist beispielsweise der Fall bei Einkommen aus Investitionen in Aktien und Anleihen. Aus diesem Grund basiert unter anderem auch die in Kap. 5 vorgestellte Investitionsstrategie zum Erlangen Ihrer finanziellen Selbstbestimmung auf Investitionen in den Kapitalmarkt.

Wie baue ich passives Einkommen auf?
Sie wissen nun, dass ohne passives Einkommen Sie nie frei und selbstbestimmt leben werden. Sie werden immer (hart) arbeiten müssen, um von Ihrem so verdienten Einkommen leben zu können. Sie sind von Ihrer Arbeit abhängig. Ihre Arbeit wird immer der Engpass in Ihrem Leben sein, der bestimmt, wie viel Sie von Ihrer Zeit das machen können, was Sie wirklich möchten. Aber wie ändern wir dies?

Sie müssen damit anfangen, Ihr Leben nicht mehr so auszurichten, dass Sie hauptsächlich durch hohes Arbeitseinkommen Geld verdienen, sondern kontinuierlich den Anteil von passivem Einkommen an Ihren Einkünften steigern.

Das Problem ist, dies ist meist nicht so einfach, da nahezu alle Menschen eine Art von „Blaupause" tief in sich drin verwurzelt haben, die sagt: Lerne einen gut bezahlten Beruf, geh zur Arbeit, bilde dich fort, steige auf und verdiene so viel Geld. Die Wenigsten haben hingegen den Ansatz verinnerlicht: gehe arbeiten, bilde dich fort, investiere dein Geld und baue passives Einkommen auf, damit du in Zukunft davon leben kannst. Genau dies müssen Sie aber tun, um finanzielle Selbstbestimmung und somit Freiheit zu erreichen.

Der Weg dorthin ist sicherlich nicht leicht und Sie müssen sich heute dafür entscheiden, in Ihre Zukunft durch den kontinuierlichen Erwerb von Vermögenswerten zu investieren. Folglich müssen Sie beginnen zu sparen und können nicht Ihrer heutigen Konsumbefriedigung uneingeschränkt nachgehen. Aber nur so geht es.

Sie müssen langfristig in Ihre Zukunft investieren
Reiche Menschen denken langfristig. Sie entscheiden sich heute zwischen Konsum und ihrer Zukunft. Das Geld, das Sie heute verkonsumieren, steht Ihnen in Zukunft nicht mehr zur Verfügung. Sie können nicht zukünftig und seinen Erträgen leben.

Viele Menschen mit geringem Einkommen entschuldigen sich mit dem Argument, dass sie ja gegenwärtig schon nicht genug zum Leben hätten, wie sollten sie dann noch in ihre Zukunft

2.4 Wie Sie passives Einkommen aufbauen

investieren? Diese Argumentation vergisst: Es ist wichtiger, wie Ihre Geldgewohnheiten aussehen, als die Höhe Ihres aktuellen Einkommens beträgt. Es ist somit essenziell – gerade wenn Sie sich aktuell in einer finanziell angespannten Situation befinden – Ihre Verhaltensweisen in Sachen Geld neu auszurichten, denn Ihr altes Verhalten hat Sie dahin gebracht, wo Sie heute sind. So werden Sie auch in Zukunft nicht mehr Geld bekommen als heute. Sie müssen heute anfangen, Ihre Gewohnheiten zu verändern. Hierbei ist es nicht wichtig, ob Sie mit einem Euro oder mit 100.000 EUR anfangen. Entscheidend ist, dass Sie anfangen, sich Geldgewohnheiten anzutrainieren, die Ihnen finanzielle Selbstbestimmung in Zukunft ermöglichen.

Ich will gar nicht behaupten, dass es leicht ist, passives Einkommen aufzubauen, denn wir müssen zunächst unseren alten tiefverwurzelten Ansatz, dass ein hohes Einkommen durch Arbeit das Ziel ist, aufgeben. Zweitens müssen wir erst einmal lernen, was passives Einkommen ist und wie man es aufbauen kann. Drittens müssen wir dann noch durchhalten und meist viel Zeit und Energie in den Aufbau passiver Einkommensquellen stecken.

Einige Beispiele, wie Sie passives Einkommen aufbauen
Passives Einkommen kann grundsätzlich aus zwei Quellen resultieren:

1. Vermögenswerte, die Erträge erwirtschaften (Portfolio-Einkommen) und
2. Ihr eigenes Business, das Gewinne (Business-Einkommen) erwirtschaftet.

Zum Aufbau von passivem Einkommen aus der ersten Quelle müssen Sie Geld in Vermögenswerte investieren, die zukünftig Erträge erwirtschaften. Hier kommen zum Beispiel folgende Investitionsmöglichkeiten infrage:

- Kauf von Aktien | Ziel: Dividenden
- Kauf von Anleihen | Ziel: Couponzahlungen
- Kauf und Vermietung von Wohneigentum | Ziel: Mieteinnahmen
- Kauf von Lizenzen | Ziel: Lizenzgebühren
- Kauf von Patenten | Ziel: Patentgebühren

Bei der zweiten Quelle geht es darum, dass Sie ein Business aufbauen, das Gewinn erwirtschaftet, ohne dass Sie zwingend vor Ort sein müssen. Dies kann beispielsweise der Fall sein, wenn Sie Eigentümer einer Firma sind und diese ohne Ihr Zutun Gewinne erzielt. Sie sind dann nur Eigentümer und haben Angestellte, die für Sie in der Firma arbeiten und die Firma leiten. Sie selbst lassen sich nur die erwirtschafteten Gewinne auszahlen.

Weitere denkbare Möglichkeiten sind:

- Sie werden Musiker oder Songwriter | Ziel: Tantiemen für Lieder
- Sie programmieren eine Software | Ziel: Lizenzgebühren
- Sie erstellen einen Blog oder eine Webseite | Ziel: Werbeeinnahmen und Affiliate-Marketing
- Sie werden Bestseller-Autor | Ziel: Tantiemen für Buchverkäufe
- Sie gründen einen automatisierten Online-Shop | Ziel: Verkaufsgewinne
- Sie verkaufen Versicherungen | Ziel: Folgeprovisionen
- und vieles mehr!

Grundsätzlich gibt es eine schier unbegrenzte Anzahl an Möglichkeiten, passives Einkommen zu generieren.

Bei der Wahl der für Sie richtigen Möglichkeit sollten Sie immer daran denken, dass Sie zunächst viel Zeit und meist auch Geld investieren müssen, um die passive Einkommensquelle aufzubauen. Aus diesem Grund sollten Sie etwas wählen, das Ihnen Freude bereitet und nicht lästig ist. Umso einfacher werden Sie erfolgreich sein.

Kapitel 2.4 in Kürze
Ideen, die Ihr Leben verändern ...

- Es ist wichtiger, wie Ihre Geldgewohnheiten sind, als die Höhe Ihres aktuellen Einkommens.
- Ihr Verhalten in der Vergangenheit hat Sie dahin gebracht, wo Sie heute sind.
- Beginnen Sie, Ihre Gewohnheiten zu verändern.
- Es ist wichtig, dass Sie anfangen, und egal, ob mit einem Euro oder mit 100.000 EUR.
- Das Geld, das Sie heute verkonsumieren, steht Ihnen in Zukunft nicht mehr zur Verfügung.
- Reiche Menschen lassen ihr Geld hart für sich arbeiten, alle anderen arbeiten hart für ihr Geld.
- Reiche Menschen verfügen über passives Einkommen.
- Passives Einkommen ist: Einkommen, das Ihnen langfristig ohne Ihr (ständiges) Zutun zufließt.
- Passives Einkommen kann grundsätzlich aus zwei Quellen resultieren:
  1. aus Vermögenswerten, die Erträge erwirtschaften (Portfolio-Einkommen) und
  2. aus Ihrem eigenen Business, das Gewinne erwirtschaftet (Business-Einkommen).
- Es gibt eine schier unbegrenzte Anzahl an Möglichkeiten, passives Einkommen zu generieren.
- Wenn Sie etwas wählen, das Ihnen Freude bereitet, umso einfacher werden Sie erfolgreich sein.

Gehen Sie in die Aktion!

- Beginnen Sie damit, sich über mögliche Quellen von passivem Einkommen zu informieren.
- Beginnen Sie **JETZT,** passives Einkommen aufzubauen.

2.5 Ohne Transparenz geht es nicht – Verstehen Sie Ihre finanzielle Situation

Der erste Schritt hin zur Veränderung in allen Lebensbereichen ist: die eigene aktuelle Situation bewusst zu verstehen und zu begreifen, wo man steht.

Ohne die Erkenntnis über die Ausgangslage (den Startpunkt) kann keine zielgerichtete Veränderung erfolgen. Sie wissen ohne Startpunkt nicht, wo und wie Sie sich orientieren sollen.

Dies wird einem sehr schnell klar, wenn man versucht, jemanden den Weg zu einem bestimmten Ort zu beschreiben, aber man nicht weiß, wo sich die andere Person gerade befindet. Wenn Sie jemand fragt: Wie komme ich am schnellsten nach Berlin? So hängt dies vom aktuellen Standpunkt des Fragers ab. Identisch verhält es sich mit Ihren privaten Finanzen. Um zu wissen und planen zu können, wie Sie Ihre finanzielle Vision erreichen können, müssen Sie zunächst wissen, von wo aus Sie starten.

Die Angst vor privater finanzieller Transparenz
Transparenz führt zu Veränderung, weil das Bewusstsein für die aktuelle Lage geschärft wird und man die eigene Ist-Situation mit seinen Wünschen abgleicht. Es wird offensichtlich, was fehlt und es kann entsprechend gegengesteuert werden. Allerdings stellt man sich auch seinen eventuell existierenden Ängsten und somit ein Stück weit sich selbst. Durch die von der Transparenz geschaffene Klarheit werden die Ängste jedoch handhabbar und vor allem objektivierbar. Da nun klar ist, wo der aktuelle Standpunkt ist, kann Veränderung beginnen und Ängste überwunden werden.

Viele Menschen mit Geldproblemen kennen ihre finanzielle Situation nicht oder nur sehr ungenügend. Sie wissen nur, dass am Ende des Monats das Geld knapp wird oder schon ab Mitte des Monats knapp ist. Die Gründe hierfür bleiben jedoch leider oft im Dunkeln oder werden verdrängt. Ungewissheit über die private finanzielle Situation führt schnell zu Angst – gepaart mit sinkendem Selbstwert. Je länger dies andauert, desto schwerer wird es, die Angst zu durchbrechen. Denn es könnte ja sein, man stellt fest: „So geht es nicht weiter, ich stehe nah am Abgrund und muss mich verändern. Muss raus!, ganz neue Wege beschreiten." Das persönliche Scheitern würde einem bewusst und das ist sicherlich unangenehm. Jedoch nur so kann Veränderung entstehen.

Ein ähnlich gelagertes Problem haben häufig Menschen, denen es finanziell vermeintlich gut geht, die mit ihrem Geld monatlich auskommen, etwas gespart haben und sogar schon für ihre Rente vorsorgen. Ja, insoweit erscheint alles geregelt. Aber auch diese Menschen haben oft Angst davor, sich ihrer finanziellen Situation vollständig bewusst zu werden. Davor, sich klar zu sehen, wie weit sie eigentlich von ihren Wünschen doch noch entfernt sind. Auch hier geht es um die Angst, sich eingestehen zu müssen: Vielleicht habe ich bis jetzt doch etwas falsch gemacht und werde so meine Ziele nicht erreichen. Es entsteht somit Angst, die selbst gebaute Komfortzone verlassen zu müssen und neue, scheinbar unsichere Wege zu beschreiten.

Egal, in welcher finanziellen Situation Sie sich gerade persönlich befinden – glauben Sie mir – es lohnt sich, diese Situation einmal kritisch und umfassend zu beleuchten. Sich Transparenz über Ihre Finanzen zu verschaffen. Lassen Sie uns dies daher gemeinsam angehen.

Transparenz bedeutet Klarheit
Transparenz im privaten Finanzbereich bedeutet Verfügbarkeit von Informationen. Im Speziellen: Die Klarheit über Ihre Einnahmen- und Ausgabensituation. Sie wissen, woher Ihr Geld kommt und vor allem auch, wofür Sie es ausgeben. Ich meine hier nicht, Sie wissen, dass Sie ein Gehalt beziehen und Geld für Essen, Kleidung, Miete, Telefon etc. ausgeben. Ich meine vielmehr, Sie kennen die genaue Höhe Ihrer Einnahmen und Ausgaben auf einer sehr detaillierten Ebene.

Wissen Sie beispielsweise, wie viel Geld Sie im letzten Halbjahr für Restaurant- oder Kinobesuche ausgegeben haben? Oder was Ihr Mittagessen auf der Arbeit die letzten zwei Wochen insgesamt gekostet hat? Ich weiß dies auch nicht auswendig, aber ich weiß, dass ich die Information besitze und wo ich nachschauen kann, denn ich verfüge über volle Transparenz bei meinen Finanzen. Ich kenne die Höhe meines aktuellen Vermögens. Sie auch?

Darüber hinaus gehört zur finanziellen Transparenz, dass Sie Ihre Investitionen und Finanzverträge (Versicherungen, Bankprodukte etc.) verstehen. Zu wissen, welche Rendite Sie in der Vergangenheit erzielt und in der Zukunft zu erwarten haben.

Wenn Sie noch nicht über vollständige Transparenz in Ihrem persönlichen Finanzbereich verfügen, dann habe ich eine gute Nachricht für Sie: Diese ist leicht zu erreichen und es gibt einfache und bewährte Methoden dafür.

Zwei-Ordner System – Verschaffen Sie sich einen Überblick
Der erste Schritt zur finanziellen Transparenz ist die Schaffung einer strukturierten Ablage für alle finanzbezogenen Dokumente. Viele Menschen heften bereits alle ihre Unterlagen ab. Allerdings zeigt sich doch leider immer wieder: wenn eine Information benötigt wird, beginnt in der vermeintlichen Ordnung das große Suchen. Es ist dann eben doch nicht mehr klar, was der letzte Versicherungsschein ist oder was bei dem letzten Telefonat mit dem Bankberater besprochen wurde.

Falls Sie solche Probleme nicht und eine für sich optimale Ablagestruktur bereits gefunden haben, überspringen Sie bitte diesen Abschnitt. Falls nicht, schlage ich Ihnen das Zwei-Ordner-System vor.

In dem einen Ordner-System werden alle bankbezogenen Unterlagen archiviert, in dem anderen alle Unterlagen zu Verträgen. Hierbei kann ein Ordner-System aus mehreren Ordnern bestehen. Dies ist meist im Vertrags-Ordner-System der Fall. Für beide Ordner-Systemen gilt:

- Archivieren Sie nicht zu viel in einen Ordner (beugt häufigem Umheften vor).
- Arbeiten Sie mit beschrifteten Trennblättern und Inhaltsverzeichnissen.
- Notieren Sie sich die Eingangsdaten auf die jeweiligen Dokumente.

- Protokollieren Sie Telefonate und heften Sie diese Notizen ab (Datum, Ansprechpartner, Inhalt).
- Drucken Sie wichtige E-Mails aus und heften Sie diese ab.
- Heften Sie keine Werbung ab.

Sie können Ihr Zwei-Ordner-System natürlich auch digital führen. Bei der digitalen Variante ist es wichtig, dass Sie alle Unterlagen, die Sie per Post bekommen, scannen und digital archivieren. Legen Sie ebenfalls E-Mails als Datei außerhalb Ihres E-Mail-Postfaches ab und vermerken Sie auf allen gescannten Dokumenten das Eingangsdatum.

Sie sollten nicht Teile Ihrer Unterlagen digital und Teile physisch aufbewahren. Eine Aufbewahrungsart muss vollständig sein, sonst verlieren Sie Transparenz. Hierbei sollten Sie aber beachten, dass manche Dokumente – wie Versicherungsscheine – im Original zusätzlich aufbewahrt werden müssen. Somit entsteht zwangsläufig auch ein kleines zweites physisches Ablagesystem. Daher führe ich selbst nur ein physisches Ablagesystem. Hier sind Sie aber frei.

Haushaltsbuch – Verstehen Sie, wo Ihr Geld hinfließt
Neben Transparenz in Ihren Vertragsunterlagen und Bankbeziehungen benötigen Sie auch Transparenz über Ihre Ausgaben. Hier reicht es nicht, zu wissen, welche fixen Zahlungsverpflichtungen Sie im Monat haben. Sie sollten auch wissen, wofür Sie im Alltag Geld ausgeben. Um diese Transparenz zu erreichen, führen Sie ein Haushaltsbuch.

Führen Sie Ihr Haushaltsbuch am besten digital (z. B. Excel), so können Sie einfach Nachträge vornehmen, gewählte Kategorien zur Ausgabenerfassung flexibel ändern und Ihre erfassten Daten leicht weiterverarbeiten und auswerten.

Bei der Festlegung der Kategorien Ihres Haushaltsbuches wählen Sie für Ihr Leben passende Kategorien. Starten Sie mit einem Versuch und überprüfen Sie die Aufteilung nach ca. zwei bis drei Monaten. Die gewählten Kategorien sollten Ihre Hauptausgabenblöcke des täglichen Lebens separat voneinander erfassen. Sie sollten überschneidungsfrei sein. Vermeiden Sie immer die Kategorie „Sonstiges" oder „Rest". Solche Kategorien entwickeln sich schnell zu schwarzen Löchern und schaffen keine Transparenz.

Lassen Sie sich immer alle Kassenzettel geben. Denn nur so behalten Sie den Überblick über Ihre Ausgaben. Dies gilt auch dann, wenn Sie doch mal ausnahmsweise mit Karte zahlen. Die spätere Abbuchung auf Ihrem Girokonto liefert oft nicht den Detailgrad, der für die Erfassung in Ihrem Haushaltsbuch notwendig ist. Bei einem Einkauf sind schnell Ausgaben enthalten, die verschiedenen Kategorien zuzuordnen sind. Es wird aber nur ein Betrag von Ihrem Konto abgebucht. Haben Sie keinen Kassenbeleg, fehlen Ihnen somit notwendige Informationen für die Aufteilung.

Seien Sie vor allem ehrlich zu sich selbst und schreiben Sie jede noch so kleine Ausgabe auf. Nur so können Sie Ihr Konsumverhalten im Detail verstehen. Sie wollen schließlich analysieren können, wofür Sie Ihr Geld ausgeben und ob Sie dies für Dinge tun, die Sie wirklich benötigen und die Sie glücklich machen.

Warten Sie nicht zu lange, bis Sie Ihre getätigten Ausgaben in Ihr Haushaltsbuch eintragen. Wenn Sie erst am Ende des Monats alle Ausgaben, die Sie den letzten Monat über getätigt haben, eintragen wollen, ist es sehr wahrscheinlich, dass Sie viele kleine Ausgaben vergessen haben. Versuchen Sie am besten, es für sich normal werden zu lassen, zeitnah – vielleicht sogar jeden Tag am Abend – Ihre Ausgaben in Ihr Haushaltsbuch einzutragen.

Die Erfahrung zeigt: viele Menschen sind verwundert, wofür sie eigentlich Ihr Geld ausgeben. Aus diesem Grund werten Sie regelmäßig Ihre Ausgaben aus, um zu sehen, wo Ihr Geld wirklich bleibt. Hier sehen Sie auch, inwieweit die von Ihnen gewählten Ausgabenkategorien Aussagekraft haben oder nicht.

Bei der Auswertung sollten Sie sich selbst folgende Fragen beantworten:

- Was sind meine Hauptausgaben?
- Variieren diese von Monat zu Monat?
- Steigen Sie im Zeitablauf?
- Möchte ich wirklich mein Geld dafür ausgeben, wofür ich es im Moment ausgebe? Oder möchte ich etwas ändern?
- Gibt es Einsparpotenzial?

Finanzielle Planung – Planen Sie die Zukunft
Für vollständige finanzielle Transparenz bedarf es noch einer weiteren Komponente. Hierbei handelt es sich um Ihre finanzielle Planung für die Zukunft. Ziel Ihrer finanziellen Planung ist es, stets zu wissen, welche Ausgaben auf Sie zukommen und mit welchen Einnahmen Sie rechnen können. Zur Umsetzung nutzen Sie am besten Excel.

Erstellen Sie sich zunächst als Basis Ihrer Finanzplanung eine Jahresübersicht ihrer Einnahmen und Ausgaben. Hierzu sollten Sie monatsweise Ihre zu erwartenden laufenden privaten Einnahmen und Ausgaben auflisten. Unterscheiden Sie hierbei zwischen fixen und variablen Zahlungen. Achten Sie darauf, dass Sie alle Einmalkosten in dem Monat aufführen, in dem diese anfallen. Es ist essenziell zu wissen, zu welchem Zeitpunkt welche Zahlungen zu leisten sind bzw. erwartet werden können. Berücksichtigen Sie einen realistischen Betrag für Ihre monatlichen variablen Lebenshaltungskosten. Diesen Betrag sollten Sie anhand Ihres Haushaltsbuches ermitteln und regelmäßig prüfen. In Ihrer monatlichen Auflistung sollten auch feste Sparbeträge enthalten sein – beginnen Sie zu sparen! Einen einfachen und strukturierten Sparansatz finden Sie in Kap. 4.

Passen Sie bei Bekanntwerden neuer Beträge (z. B. Beitragsanpassungen von Versicherungen) Ihre Jahresübersicht sofort an. Nur so verlieren Sie nie wieder Ihre einmal geschaffene finanzielle Transparenz. Außerdem ersparen Sie sich viel Arbeit im

Vergleich zu einer einmal im Jahr stattfindenden kompletten Nachpflege.

Um auch in Zukunft nicht von Sonderausgaben überrascht zu werden, sollten Sie für die nächsten drei bis fünf Jahre (große) Anschaffungen planen. Sie sollten einen Überblick haben, welche großen Ausgaben anstehen und wann mit diesen zu rechnen ist. Nur so können Sie sich frühzeitig darauf vorbereiten und werden nicht überrascht.

Ergänzend sollten Sie sich darüber klar werden, welche kurz- und mittelfristigen Sparziele Sie verfolgen möchten (Urlaub, neues Auto etc.). Sie sollten sich überlegen, bis wann Sie diese erreicht haben wollen, um dann wiederum zu planen, wie dies geschehen soll. Ein Konzept zur Strukturierung der hierfür notwendigen verschiedenen Sparraten finden Sie in Abschn. 4.1.

Vision und Realität abgleichen
Als letzter Schritt zum Erreichen Ihrer persönlichen finanziellen Transparenz sollten Sie Ihre aktuelle finanzielle Lebenssituation mit Ihrer finanziellen Vision aus Abschn. 2.1 vergleichen. Wo stehen Sie aktuell und wie lange wird es schätzungsweise dauern, bis Sie Ihre Ziele erreicht haben, wenn Sie so weitermachen wie bisher?

Um diese Frage zu beantworten, schlage ich Ihnen die Konzepte des Einkommens- und des Vermögens-Check-ups vor. Beide Konzepte sollten Sie regelmäßig – mindestens einmal im Jahr – im Zuge Ihres persönlichen „Finanztages" durchführen.

Ihr Einkommens-Check-up
Um herauszufinden, wie Sie finanziell stehen, sollten Sie kalkulieren, welchen Betrag Sie nach Abzug aller Kosten im Monat frei zur Verfügung haben. Der so berechnete Betrag zeigt Ihnen Ihren finanziellen Freiraum. Diesen Betrag können Sie nutzen, um Vermögen aufzubauen und Sparziele zu erreichen. Sollte er negativ sein, reduzieren Sie bitte sofort entweder Ihre Ausgaben

oder generieren Sie zusätzliche Einkommen, bis der Betrag positiv ist (siehe auch Kap. 5).

Ein negativer Betrag bedeutet, dass Sie nicht von Ihrem Einkommen leben können, ohne sich zu verschulden. In diesem Fall bauen Sie kontinuierlich Schulden auf und leben über Ihren finanziellen Verhältnissen. Ist der Betrag hingegen positiv – wie er stets sein sollte – so kommen Sie mit Ihrem Einkommen gut aus und können Gelder in Ihre Zukunft investieren.

Zur Berechnung Ihres monatlichen finanziellen Freiraums ziehen Sie von Ihren fixen monatlichen Einnahmen (Gehalt)[3] Ihre fixen monatlichen Kosten (Miete, Abschlag für Strom etc.) ab. Ergänzend ziehen Sie einen pauschalen Betrag für variable Ausgaben ab. Diesen Betrag sollten Sie aus Ihrem Haushaltsbuch ableiten. Seien Sie hier bitte ehrlich zu sich selbst und verwenden Sie keinen Betrag, der schon um mögliches Einsparpotenzial gekürzt ist, sondern einen Betrag, der Ihre Ausgaben der letzten Monate realistisch abbildet. Am Ende legen Sie alle fixen Kosten, die nicht monatlich anfallen, auf Monatsebene um und ziehen diese ebenfalls von Ihren monatlichen Einnahmen ab. Das bedeutet beispielsweise die Beträge der Versicherungen, die jährlich anfallen, werden durch zwölf geteilt. Fassen Sie nicht die auf Monatsende heruntergebrochenen Fix-Kosten in einem Posten pauschal zusammen, sondern führen Sie diese einzeln nach Sachverhalt untereinander auf. Nur so erhalten Sie durchgängige Transparenz und sehen, woher Ihre Kosten resultieren.

Ihr Vermögens-Check-up
Um zu erfahren, wie Ihre aktuelle Vermögenssituation aussieht, erstellen Sie für sich eine „Vermögensbilanz". Hierfür sollten Sie zum einen alle Ihre Vermögenswerte und zum anderen alle Ihre

---

[3]Legen Sie keine einmaligen Sonderzahlungen, wie einen Bonus, Urlaubs- oder Weihnachtsgeld auf Monatsbasis um. Dies würde das Ergebnis verfälschen. Der Betrag aus den Sonderzahlungen steht Ihnen erst nach Zugang zur Verfügung. Er kann somit nicht monatsweise ausgegeben bzw. investiert werden. Einen Vorschlag zum Umgang mit solchen Sonderzahlungen finden Sie in Abschn. 3.3.

Verbindlichkeiten separat voneinander auflisten. Beachten Sie hierbei bitte die Definition von Vermögenswerten und Verbindlichkeiten aus Abschn. 2.3.

Zur besseren Visualisierung schreiben Sie auf einem Blattpapier auf die linke Seite die Liste Ihrer Vermögenswerte und auf die rechte Seite die Ihrer Verbindlichkeiten. Ziehen Sie nun von der Summe Ihrer Vermögenswerte die Summe Ihrer Verbindlichkeiten ab. Als Ergebnis ist ersichtlich, ob und in welcher Höhe Sie über Vermögen verfügen. Ist der Betrag positiv, haben Sie mehr Vermögenswerte als Verbindlichkeiten. Ist er negativ, überwiegen Ihre Verbindlichkeiten.

In einem zweiten Schritt erfassen Sie alle Erträge, die Sie innerhalb eines Jahres aus Ihren Vermögenswerten erhalten haben – Ihr passives Einkommen (Abschn. 2.4). Teilen Sie diesen Gesamtbetrag durch zwölf, um den theoretischen durchschnittlichen Ertrag pro Monat zu erreichen. Vergleichen Sie nun diesen Betrag mit Ihren monatlichen Ausgaben (fix und variabel) aus dem Einkommens-Check-up. Sie sehen so, wie viel Prozent Ihrer Ausgaben Sie bereits heute durch Ihre Erträge aus Ihren Vermögenswerten abdecken können. Dieser Prozentsatz ist ein guter Indikator dafür, wie weit Sie schon auf dem Weg hin zu Ihrer finanziellen Selbstbestimmung gekommen sind. Finanzielle Selbstbestimmung haben Sie erreicht, wenn Sie 100 % Ihrer Ausgaben durch passives Einkommen finanzieren können.

Ihr Finanztag

Ich empfehle Ihnen, sowohl Ihren persönlichen Einkommens- als auch Vermögens-Check-up mindestens einmal im Jahr durchzuführen. Am besten legen Sie hierfür einen festen Tag am Ende oder am Anfang eines jeden Jahres fest (Dezember oder Januar) – Ihren persönlichen „Finanztag".

An diesem Tag sollten Sie neben Ihren Einkommens- und Vermögens-Check-up zusätzlich auch Ihre Finanzen für die nächsten Jahre (grob) planen. In dieser Planung sollten Ihre

2.5 Ohne Transparenz geht es nicht – Verstehen ...

kurzfristigen Sparziele als auch absehbare größere Ausgaben einfließen. Erstellen Sie eine finanzielle Planung für die nächsten Jahre. Ergänzend sollten Sie prüfen, ob Ihr finanzieller Schutz noch angemessen ist (siehe hierzu Kap. 4). An Ihrem persönlichen Finanztag geht es somit um eine komplette finanzielle Standortbestimmung.

Ganz wichtig ist: Egal, wie weit entfernt Ihre finanzielle Vision heute vielleicht erscheinen mag, Sie können sie trotzdem erreichen! Sie müssen sich hierzu nur voll darauf fokussieren und zielgerichtet mit einem klaren, wohlüberlegten Plan agieren. Es wird sicher nicht einfach sein, aber das wissen Sie selbst. Das Erreichen großer Träume und Ziele ist immer mit Anstrengung verbunden. Aber nur so wächst und entwickelt man sich. Oder möchten Sie stehen bleiben?

Zudem ist es unendlich besser, in die eigene Vision zu investieren und dafür zu kämpfen, als in zehn oder zwanzig Jahren resigniert aufzuwachen und sich im Nachhinein zu ärgern. Sich selbst vorzuwerfen: hätte ich nur damals etwas anderes gemacht. Die Vergangenheit ist Geschichte und unverrückbar. Sie ist aus den Entscheidungen entstanden, die Sie zuvor getroffen haben. Durch diese Entscheidungen sind Sie heute da, wo Sie sind. Nehmen Sie Ihre Situation an und blicken Sie mit Vorfreude in Ihre Zukunft.

Das wahrhaft Kostbare am Leben ist, dass Sie sich jeden Tag selbst entscheiden können, was Sie aus Ihrem Leben machen möchten. Sie können sich – wenn Sie wollen – jeden Tag neu erfinden und Ihr Leben komplett ändern. Sie müssen es nur wollen und Ihre Ziele und Träume dabei nie aus den Augen verlieren. Lassen Sie uns daher gemeinsam Ihren Startpunkt nutzen und zusammen herausfinden, wie Sie Ihre Vision von finanzieller Selbstbestimmung erreichen können.

Kapitel 2.5 in Kürze
Ideen, die Ihr Leben verändern …

- Der erste Schritt hin zur Veränderung ist: Sie müssen sich Ihrer aktuellen Situation bewusst werden (Transparenz schaffen).
- Wenn Sie nicht wissen, wo Sie stehen, können Sie auch nicht Ihr Ziel erreichen.
- Transparenz im privaten Finanzbereich bedeutet: Klarheit über Ihre Einnahmen- und Ausgabensituation.
- Planen Sie Ihre finanzielle Zukunft.
- Einkommens-Check-up: Kalkulieren Sie, welchen Betrag Sie nach Abzug aller Kosten im Monat frei zur Verfügung haben.
- Vermögens-Check-up: Stellen Sie Ihre Vermögenswerte und Verbindlichkeiten gegenüber („Vermögensbilanz").

Gehen Sie in die Aktion!

- Bauen Sie sich ein Ablagesystem auf, das Ihnen Transparenz ermöglicht.
- Führen Sie ein Haushaltsbuch.
- Werten Sie Ihr Haushaltsbuch regelmäßig aus und schauen Sie, wo Sie sparen können.
- Listen Sie für jeden Monat des Jahres Ihre zu erwartenden laufenden fixen und variablen Einnahmen und Ausgaben auf.
- Planen Sie absehbare große Ausgaben und Anschaffungen für die nächsten drei bis fünf Jahre.
- Führen Sie sofort einen Einkommens- und einen Vermögens-Check-up durch.
- Ist Ihr monatlich zur Verfügung stehender Betrag nach Kosten negativ, reduzieren Sie entweder sofort Ihre Ausgaben oder generieren Sie mehr Einkommen.
- Führen Sie mindestens einmal im Jahr einen persönlichen Finanztag ein.

Literatur

Perlec, Drazen, und George Loewenstein. 1998. The red and the black: Mental accounting of savings and debt. *Marketing Science* 17 (1): 4–28.

Siebold, Steve. 2010. *How rich people think*. London: London House Press.

3 Nur Sparen und gezielte Investition führen zu finanzieller Selbstbestimmung

▶ In diesem Kapitel dreht sich alles um die entscheidende Technik, um Vermögen aufzubauen. Das Sparen ist gleichermaßen Grundvoraussetzung und Werkzeug, um erfolgreich Vermögen aufzubauen. Viele Menschen sparen falsch und geraten so in einen Teufelskreis aus Zwang und Verzicht. Um dies zu vermeiden, wird dargelegt, wie Sie ein Erstrang-Sparverhalten aufbauen und wie Sie ohne Verzicht zukünftig mehr sparen können. Außerdem wird der Umgang mit Schulden thematisiert und klargestellt, wieso eine schnelle Schuldentilgung für den Aufbau von Vermögen meist kontraproduktiv ist.

Sie wissen nun bereits, wie wichtig Ihre innere Einstellung zum Thema „Geld und Finanzen" ist. Eine positive persönliche Geldwahrnehmung – einhergehend mit positiven verinnerlichten Assoziationen – sind für Ihren finanziellen Erfolg Grundvoraussetzung. Weiter benötigen Sie einen positiven Umgang mit Geld, um es anzuziehen. Sie sollten Geld immer so einsetzen, dass es Ihnen und anderen Freude bereitet, Neues erschafft und Sicherheit gibt; denn nur so kann es seine positive Kraft entfalten und Leben bereichern.

Ergänzend zu diesen Grundvoraussetzungen möchte ich Ihnen nun die entscheidende Technik vorstellen, um Vermögen aufzubauen: **DAS SPAREN!!!!**

Ja, so einfach ist es!

Sparen ist der entscheidende Grund, warum Menschen reich werden und, wenn sie reich sind, es auch bleiben. Sparsamkeit – und somit der Akt des Sparens – ist neben Ihren Einstellungen die wichtigste Tugend auf dem Weg zur finanziellen Selbstbestimmung.

Das Erreichen finanzieller Selbstbestimmung kann nur durch den Erwerb von Vermögenswerten mit dem Ziel, passives Einkommen aufzubauen, umgesetzt werden. Sie sollten daher kontinuierlich Geld sparen und dieses dann zielgerichtet in Vermögenswerte investieren. Ihr Geld beginnt so, für Sie zu arbeiten und Erträge zu erwirtschaften, ohne dass Sie dafür selbst noch etwas tun müssen. Sie bauen passives Einkommen auf. Hierfür ist es wichtig zu verstehen, dass nur das Geld, das Sie nicht ausgeben, Vermögen und Wohlstand aufbaut.

Das Hauptproblem vieler Menschen auf dem Weg zur finanziellen Selbstbestimmung ist kein Einnahmenproblem, sondern ein Ausgabenproblem. Sie geben für alles Mögliche Geld aus. Gespart wird hingegen immer zuletzt. Das Sparen hat keine hohe Priorität, sondern erfolgt nachgelagert nach allen anderen Ausgaben. Daher würde auch ein höheres Einkommen nicht wirklich etwas ändern. Es würde sehr wahrscheinlich nur die anderen Ausgaben erhöhen, aber nicht das Sparvolumen. Ergänzend kommt hinzu, dass Menschen mit ihrem Ersparten oft Verbindlichkeiten statt Vermögenswerte kaufen, wodurch sie nur ihre zukünftigen Ausgaben in die Höhe treiben, aber keine Einnahmen generieren.

Dabei ist es ganz einfach, Vermögen und passives Einkommen aufzubauen. Sie müssen sich nur strikt an folgende zwei goldene Regeln halten:

▶
1. Einkommen alleine macht nicht reich, sondern nur der Teil des Einkommens, der nicht ausgegeben wird. (→ **Beginnen Sie, zu sparen!**)
2. Sparen alleine erhöht Ihr Geldvermögen, aber nur die Investition des Gesparten in Vermögenswerte macht Sie reich. (→ **Beginnen Sie, in Vermögenswerte zu investieren!**)

Ohne Disziplin geht es nicht
Allzu oft scheitern Menschen entweder daran, überhaupt anzufangen zu sparen oder aber, wenn ein erster stattlicher Betrag aufgebaut wurde, bleiben sie nicht standhaft und verpulvern das Geld für die Erfüllung eines plötzlich äußerst wichtig erscheinenden Wunsches. Das Geld wird somit für eine kurze bis maximal mittelfristige Befriedigung ausgegeben, aber nicht weiter für ein langfristig freies Leben voller Wohlstand und Freiheit investiert.

Nach dieser kurz- oder mittelfristigen Befriedigung ist meist alles wieder wie zuvor. Nur, dass finanziell gesehen, wieder bei nahezu Null angefangen wird. Dies ist beispielsweise oft der Fall während einer Midlife-Crisis – egal, ob diese bewusst wahrgenommen wird oder nicht.

Leider ist es so: ohne Disziplin werden Sie nicht reich! Aber es gibt auch einige gute Nachrichten: Sie können es sich einfach machen und haben starke Helfer auf Ihrem Weg zum Reichtum.

Ohne zu wissen wofür, macht Sparen keinen Spaß
Sparen alleine macht keinen Spaß. Das ist so und sollte auch nicht schöngeredet werden. Haben Sie kein Sparziel, so ist Sparen reine Entbehrung für ein unklares, zukünftiges und weit entferntes Ziel. Es gibt keinen emotionalen Bezug, der Sie antreibt und Ihnen das Durchhalten ermöglicht. Es ist einfach, das Gesparte wieder auszugeben, solange es nicht emotional mit einem für Sie wichtigen Ziel verknüpft ist. Folge ist: Die kurzfristige kleine Konsumbefriedigung wirkt oft stärker als die langfristige große.

Haben Sie hingegen ein konkretes Sparziel vor Augen, das emotional mit positiven Gefühlen verbunden ist, dann macht Sparen Spaß und Freude. Denn Sie nähern sich mit jedem gesparten Euro Ihrem Ziel weiter an. Sie erleben schon auf dem Weg zu Ihrem Sparziel Glücksgefühle, da Sie immer wieder Teilziele erreichen. Sehen Sie: auch beim Sparen sind Ihre finanzielle Vision und ein Plan zur Erreichung essenziell. Nur so entstehen ein Grund und der Antrieb zum Sparen. Es wird einfacher, durchzuhalten und die notwendige Disziplin aufzubringen.

Ihr kraftvoller Helfer: Der Zinseszinseffekt
Neben der emotionalen Unterstützung durch eine finanzielle Vision und einen konkreten Plan zu deren Erreichen haben Sie einen äußerst kraftvollen Helfer, um Ihre Sparziele zu erreichen – den Zinseszinseffekt!

Das Gute am Zinseszinseffekt ist, er wirkt immer und Sie müssen dafür nichts tun, außer zu warten und Ihr Geld für sich arbeiten zu lassen. Albert Einstein soll einmal gesagt haben: *„Der Zinseszinseffekt ist das achte Weltwunder"*. Ich würde dies unterschreiben, denn durch den Zinseszinseffekt wird selbst aus kleinen Sparraten im Zeitverlauf ein stattlicher Betrag.

Der Zinseszinseffekt entsteht dann, wenn Sie auf Ihren anfänglichen Sparbetrag Zinsen erhalten und diese Zinsen nicht ausgeben, sondern sie weiter verzinst werden. Somit entstehen aus Ihren Zinsen weitere Zinsen und immer so weiter.

Um diesen Zusammenhang zu verdeutlichen, lassen Sie uns ein einfaches Beispiel betrachten: Nehmen wir einmal an, Sie haben 100 EUR auf ein Sparkonto eingezahlt und bekommen nach einem Jahr 10 % Zinsen. Somit haben Sie nach diesem Jahr Ihre einbezahlten 100 EUR und weitere 10 EUR Zinsen. Sie lassen nun die 110 EUR für ein weiteres Jahr auf dem Sparkonto liegen und erhalten wiederum 10 % Zinsen. Aus den 110 EUR werden nach diesem Jahr 121 EUR.

Dieser Betrag lässt sich wie folgt aufteilen: Sie erhalten wieder 10 EUR Zinsen auf Ihre ursprünglich eingezahlten 100 EUR. Zusätzlich erhalten Sie erstmalig auch Zinseszinsen, da die 10 EUR Zinsen aus dem ersten Jahr nun auch wiederum mitverzinst werden. Diese 10 EUR werfen bei 10 % Verzinsung einen Euro Zinseszinsen ab. Wenn das Geld nun ein weiteres Jahr zu 10 % angelegt wird, dann werden sowohl die 10 EUR Zinsen aus dem ersten Jahr, als auch die 11 EUR Zinsen aus dem zweiten Jahr wiederum Zinseszinsen abwerfen. So geht es immer weiter. Die Zinsen vermehren sich automatisch und wachsen exponentiell.

Die Stärke des Zinseszinseffektes wird hierbei durch zwei Faktoren beeinflusst: Erstens den Zinssatz, mit dem das Kapital verzinst wird, und zweitens die Anlagedauer, über die der Zinseszinseffekt wirken kann. Die Wirkung und Stärke beider

Faktoren wird deutlich, wenn man diese separat voneinander betrachtet – siehe folgende Beispiele:

- **Wirkung Anlagedauer**
  Aus 100 EUR monatliche Sparrate, die zu 3,0 % verzinst wird, werden nach zehn Jahren 13.980 EUR (eingezahlte 12.000 EUR) und nach 30 Jahren 58.014 EUR (eingezahlt: 36.000 EUR).
- **Wirkung Zinssatz**
  Aus 100 EUR monatliche Sparrate, die zu 3,0 % verzinst wird, werden nach zehn Jahren 13.980 EUR (eingezahlte 12.000 EUR) und bei 10,0 % nach zehn Jahren 20.161 EUR (eingezahlt: 12.000 EUR).

Das Entscheidende dafür, dass der Zinseszinseffekt überhaupt wirken kann, ist, dass Sie die erwirtschafteten Zinsen immer wieder erneut investieren, sodass diese wiederum Zinsen abwerfen können.

Geben Sie die Zinsen aus, wird die Zinseszinskette unterbrochen und der Effekt wirkt nicht mehr. Nutzen Sie daher bitte immer den Zinseszinseffekt aus und legen Sie Zinsen erneut an – immer wieder und wieder; desto einfacher und schneller erreichen Sie Ihre Sparziele.

Sparen wird nie wieder so leicht wie jetzt sein
Ein weiterer nicht zu unterschätzender Punkt ist der Zeitpunkt, an dem Sie anfangen zu sparen. Fakt ist, der späteste Zeitpunkt, an dem Sie anfangen sollten, ist: HEUTE!!

Je früher Sie anfangen zu sparen, desto länger hat der Zinseszinseffekt Zeit zu wirken. Darüber hinaus wird es nie wieder so leicht sein wie heute. Viele Menschen erliegen leider der falschen Illusion, dass wenn sie einmal erst richtig viel Geld verdienen, es ganz einfach sein wird, einige hundert Euro pro Monat zu sparen. Dies ist jedoch nicht so. Es ist einfacher, wenn Sie beispielsweise 1500 EUR verdienen, 10 % zu sparen, als 10 % von 7000 EUR zurückzulegen. Wieso ist das so?

Der Grund liegt in Ihrem gewohnten Lebensstandard. Dieser entwickelt sich im Normalfall mindestens proportional mit

Ihrem Einkommen. Das heißt, mit mehr Einkommen haben Sie einen höheren Lebensstandard. Wenn Sie dann neu anfangen, große Beträge zu sparen, müssen Sie sich plötzlich erstmalig einschränken. Ihr gesamtes Einkommen steht Ihnen nicht mehr wie zuvor zur Verfügung. Hinzu kommt, dass Sie noch keine Sparmentalität entwickelt haben, Sie sind es nicht gewohnt zu sparen. Es wird Ihnen daher sehr schwerfallen, erstmalig einen hohen Sparbetrag von einigen hundert Euro jeden Monat bei Seite zu legen. Sehr wahrscheinlich werden Sie den Sparbetrag reduzieren und somit einfach nur Zeit verlieren.

Hinzu kommt, dass beispielsweise 10 % eine Sparrate ist, die niemandem weh tut. Probieren Sie es doch einfach mal aus. Sie werden mit 90 % Ihres Einkommens genauso gut oder schlecht durch den Monat kommen wie mit 100 %.

Im Übrigen, überlegen Sie doch mal, wieso der Kirchensteuersatz in Deutschland in fast allen Bundesländern bei 9 % liegt – also knapp unter 10 % – und die Kirche schon im Mittelalter das Zehntel als Abgabe gefordert hat.

Wenn Sie nicht sparen, berauben Sie sich Ihrer Zukunft
Der wichtigste Grund, warum Sie sparen sollten, ist: Sie tun es für sich und Ihre Zukunft! Durch Sparen und gezieltes Investieren bauen Sie Vermögen auf und somit eine finanziell sichere und wohlhabende Zukunft für sich. Sie bilden die Basis dafür, dass Sie zukünftig finanziell selbstbestimmt leben können. Lassen Sie sich diese Chance bitte nicht entgehen. Beginnen Sie zu sparen. Es lohnt sich!

Kapitel 3 in Kürze
Ideen, die Ihr Leben verändern …

- Sparen ist der entscheidende Grund, warum Menschen reich werden, und wenn Sie reich sind, es auch bleiben.
- Finanzielle Selbstbestimmung kann nur durch den Erwerb von Vermögenswerten mit dem Ziel, passives Einkommen aufzubauen, erreicht werden.
- Das Hauptproblem vieler Menschen ist kein Einnahmenproblem, sondern ein Ausgabenproblem.
- Einkommen alleine macht nicht reich, sondern nur der Teil des Einkommens, der nicht ausgegeben wird.
- Sparen alleine erhöht Ihr Geldvermögen, aber nur die Investition des Gesparten in Vermögenswerte macht Sie reich.
- Haben Sie kein Sparziel, so ist Sparen reine Entbehrung für ein unklares, zukünftiges und weit entferntes Ziel.
- Ein konkretes, mit positiven Gefühlen verbundenes Sparziel macht Sparen zur Freude.
- Der Zinseszinseffekt ist Ihr kraftvoller Helfer beim Vermögensaufbau.
- Der Zinseszinseffekt wirkt immer und Sie müssen nicht einmal etwas dafür tun.
- Es wird nie wieder so leicht sein zu sparen wie heute.
- Wenn Sie nicht sparen, berauben Sie sich Ihrer Zukunft.

Gehen Sie in die Aktion!

- BEGINNEN SIE ZU SPAREN!
- Sparen Sie kontinuierlich Geld und investieren Sie dieses zielgerichtet in Vermögenswerte.
- Legen Sie sich konkrete Sparziele fest.

3.1 Das Wenn-dann-Sparverhalten

Viele Menschen sparen das, was am Ende des Monats auf ihrem Girokonto übrig bleibt.

Solch ein Sparverhalten nennt man „Wenn-dann-Sparverhalten" oder „Residual-Sparverhalten". Es wird nur dann bzw. – besser gesagt – es kann nur dann etwas gespart werden, wenn am Ende des Monats noch etwas auf dem Girokonto verfügbar ist – sonst nicht. Meist verbleibt das übrig gebliebene (gesparte) Geld dann auf dem Konto und steht somit theoretisch auch im nächsten Monat wieder zum Konsum bereit. Es muss wieder darum gekämpft werden, dass es nicht ausgegeben wird. Ein kontinuierlich gezieltes Sparen findet hingegen nicht statt, es ist vielmehr eine Art von Kampf, dass am Ende des Monats mehr Geld auf dem Konto verbleibt als im Vormonat.

Menschen mit solch einem Sparverhalten machen sich das Sparen unnötig schwer. Es wird dadurch schnell zur Last und somit verhasst. Um etwas sparen zu können, müssen sie sich jeden Monat aufs Neue den ganzen Monat lang einschränken, um nicht zu viel auszugeben. Es soll ja am Ende des Monats etwas übrig bleiben. Tag für Tag treten sie erneut den Kampf gegen den Konsum und ihre kurzfristigen Gelüste und Wünsche an. Halten sie dann doch einmal nicht durch und bestellen beispielsweise im Restaurant das große Menü mit Vor- und Nachspeise, so ärgern sie sich teilweise im Nachhinein und werfen sich selbst vor, nicht standhaft geblieben zu sein. Diese Menschen bezahlen immer alle anderen zuerst, aber sich selbst zu allerletzt.

Bezahlen Sie sich immer zuerst
Indem Sie sparen, bezahlen Sie sich selbst. Sie ermöglichen sich so ein besseres und finanziell unabhängiges Leben in Zukunft.

Sparen Sie nur das, was am Ende des Monats übrig geblieben ist und somit vielleicht auch mal nichts, stellen Sie sich selbst und Ihre Pläne für die Zukunft hinter alle anderen. Sie lassen sich selbst maximal etwas zukommen, wenn alle anderen – der Bäcker, der Friseur, der Metzger, der Schneider, der Handwerker

3.1 Das Wenn-dann-Sparverhalten

etc. – bereits von Ihnen bezahlt wurden. Sie machen sich klein und abhängig von den Forderungen anderer. Es bleibt nur für Sie etwas übrig, wenn die anderen bereits alle etwas bekommen haben.

Darüber hinaus führt ein Wenn-dann-Sparverhalten dazu, dass Sie schnell in einen Teufelskreis aus Zwang und Verzicht abrutschen können. Denn wenn Sie nur das sparen, was übrig bleibt, dann bedeutet Sparen für Sie Verzicht, und zwar nicht einmalig, sondern permanent. Sie können nur sparen, wenn Sie sich einschränken und nicht viel ausgeben. Sie müssen sich im Alltag selbst weniger zugestehen, um sparen zu können. Sparen wird somit zur Last und ist mit permanent negativen Gefühlen und Verzicht besetzt. Die positiven Gefühle des Sparerfolgs werden durch den täglichen Kampf um den Konsumverzicht zerstört und können Sie irgendwann kaum noch motivieren. Sie setzen sich permanent unter Druck. Sie können nie das Gefühl haben, dass Sie genug gespart haben. Es entsteht ein Schuldteufelskreis. Hätten Sie weniger konsumiert, dann hätten Sie ja mehr sparen können. Da Sie kein Sparziel haben, können Sie dieses auch nicht erreichen und Ihr restliches Geld den Monat über frei und unbeschwert genießen.

Insgesamt kann durch ein Wenn-dann-Sparverhalten kein strukturierter Vermögensaufbau stattfinden. Die Grundlage für jegliche Planung fehlt, denn Sie können nicht planen, welchen Betrag Sie in welche Anlagealternative investieren möchten, da Sie ja nicht einmal wissen, wie viel Geld Sie pro Monat sparen werden. Ein zielgerichteter Vermögensaufbau ist somit de facto unmöglich. Sie sparen nicht regelmäßig und können daher auch nicht kontinuierlich Vermögen aufbauen.

Menschen mit einem Wenn-dann-Sparverhalten beschneiden sich selbst der vielen positiven Aspekte des Sparens. Sie werden nie die Motivation einer absehbaren kontinuierlich schrumpfenden Spardauer bis zur Zielerreichung erleben. Sie werden nie das Gefühl haben, bereits am Monatsanfang alles Notwendige getan zu haben, um ihre finanziellen Ziele zu erreichen. Sie können nicht planen, wie sich die Zukunft finanziell entwickeln wird; ab wann unvorhersehbaren Kosten abgesichert sind; wann Rechnungen aus den Vermögenserträgen bezahlen werden können etc.

Stattdessen hängen diese Menschen in einem Teufelskreis aus Zwang und Verzicht fest.

Sollten Sie selbst aktuell ein Wenn-dann-Sparverhalten haben, so beenden Sie dies sofort!; und setzen ab jetzt das Abschn. 3.2 beschriebene Erstrang-Sparverhalten um. Sie werden erleben, wie viel einfacher und mit wie viel mehr Freude Sie sparen.

Kapitel 3.1 in Kürze
Ideen, die Ihr Leben verändern ...

- Menschen, die erst am Ende des Monats das sparen, was vielleicht übrig bleibt, haben ein Wenn-dann-Sparverhalten (Residual-Sparverhalten).
- Ein Wenn-dann-Sparverhalten macht das Sparen unnötig schwer.
- Ein Wenn-dann-Sparverhalten führt schnell zu einem Teufelskreis aus Zwang und Verzicht.
- Mit einem Wenn-dann-Sparverhalten kann kein strukturierter Vermögensaufbau stattfinden.
- **Indem Sie sparen, bezahlen Sie sich selbst.**
- Wenn Sie erst am Ende des Monats sparen, bezahlen Sie alle anderen zuerst und sich selbst zuletzt oder gar nicht.

Gehen Sie in die Aktion!

- Überprüfen Sie Ihr Sparverhalten.
- Beginnen Sie damit, sich selbst zuerst zu bezahlen.

3.2 Das Erstrang-Sparverhalten

Wer nicht zuerst spart, bezahlt alle anderen zuerst und sich selbst zuletzt – aber auch nur, wenn etwas übrig bleibt. Dies ist übrigens einer der Hauptgründe, warum viele Menschen kämpfen müssen, um Vermögen aufzubauen.

Um einen planbaren Vermögensaufbau zu ermöglichen und negative Spar-Erfahrungen zu vermeiden, sollten Sie sich ein „Erstrang-Sparverhalten" zulegen. Dies bedeutet, dass Sie sich jeden Monat immer zu allererst bezahlen, indem Sie einen festen Sparbetrag per Dauerauftrag auf ein separates Sparkonto überweisen.

Der Ansatz, dass Sie sich immer zuerst selbst bezahlen, bedeutet nicht, dass Sie Ihren Verpflichtungen nicht nachkommen sollen. Nein, bezahlen Sie unbedingt stetes Ihre Rechnungen. Denn auch Sie wollen von anderen bezahlt werden. Aber auch, wenn das Geld einmal knapp sein sollte, bezahlen Sie sich selbst trotzdem immer noch zuerst.

Umsetzung des Erstrang-Sparverhaltens
Die Umsetzung des Erstrang-Sparverhalten ist sehr einfach. Richten Sie einen Dauerauftrag ein, der jeden Monat automatisch einen Tag nach Eingang Ihres Gehalts einen festen Sparbetrag – z. B. 10 % – von Ihrem Girokonto auf ein separates Sparkonto überweist. Wie Ihre Sparkonten optimal organisiert werden können, beschreibt Kap. 4.

Durch die einmalige Einrichtung eines Dauerauftrags ersparen Sie sich, dass Sie sich jeden Monat aufs Neue aufraffen müssen, um Geld auf Ihr Sparkonto zu überweisen. Der Dauerauftrag nimmt Ihnen diese Arbeit ab und führt ergänzend dazu, dass Sie über das Sparen nicht mehr nachdenken müssen. Sie können gar nicht mehr in die Versuchung kommen, einen Monat lang mal etwas weniger zu sparen oder sogar komplett auszusetzen. Sie können gar kein Geld mehr ausgeben, was Sie eigentlich hätten sparen wollen, denn Sie sparen direkt nach Ihrem Gehaltseingang. Ihr Vermögen wächst Monat für Monat kontinuierlich und automatisch.

Ja, auch Daueraufträge gehen zu ändern oder auszusetzen. Aber verinnerlichen Sie bitte, dass es beim Sparen „regelmäßig" heißt, und das bedeutet, dass Sie Ihre Sparrate nicht aussetzen oder kürzen! Das Geld für Ihren Vermögensaufbau ist verplant – genauso wie die Abgaben für Versicherung, Strom und Miete. Würden Sie Ihre Sparrate, weil Sie sich gerade einen neuen Fernseher oder so kaufen möchten, einfach mal drei Monate aussetzen, dann würden Sie sich nur selbst betrügen und wiederum zuerst alle anderen bezahlen.

Sicherlich ist ein solches Sparverhalten nicht leicht, sondern kann auch teilweise sehr schwer sein. Es ist aber viel, viel leichter, als jeden Tag aufs Neue gegen seine Konsumwünsche ankämpfen zu müssen, um am Ende des Monats vielleicht etwas sparen zu können. Zudem lohnt es sich, denn nur durch regelmäßiges Sparen bauen Sie Vermögen auf. Nur so können Sie erleben, wie Sie sich langsam aber sicher Ihrer finanziellen Vision nähern und finanzielle Selbstbestimmung erreichen. Sie können zielgerichtet und kontinuierlich Vermögensaufbau betreiben. Durch Ihre konstante monatliche Sparweise können Sie zudem planen und genau berechnen, wann Sie Ihre Sparziele erreichen werden.

Sie müssen sich während des Monats nicht mehr permanent einschränken, um am Ende sparen zu können. Sie können frei und ohne negative Gedanken Ihr restliches Geld den Monat über ausgeben. Sie müssen nie wieder „hätte ich nur" -Überlegungen nachhängen, da Sie bereits am Monatsanfang Ihr komplettes Sparziel erreicht haben.

Das Sparen wird immer leichter werden
Haben Sie sich erst einmal an Ihre feste monatliche Sparrate gewöhnt und somit auch an den Betrag, der Ihnen dann noch für den Monat zu Verfügung steht, so fällt das Sparen von Monat zu

Monat leichter. Regelmäßiges Sparen wird normal und Ihr wachsendes Vermögen bereitet Ihnen Freude.

Bekommen Sie dann die Gelegenheit, durch Gehaltserhöhung oder Bonus-Zahlungen Ihren Lebensstandard und Ihre Sparrate gleichermaßen zu erhöhen, so sparen Sie mehr, ohne auf etwas verzichten zu müssen. Wie dies geht? Das steht im nächsten Kapitel.

Kapitel 3.2 in Kürze
Ideen, die Ihr Leben verändern ...

- Wer nicht zuerst spart, zahlt alle anderen zuerst und sich selbst zuletzt.
- Bezahlen Sie sich jeden Monat immer zu allererst selbst (Erstrang-Sparverhalten).
- Erstrang-Sparverhalten: Sparen Sie direkt per Dauerauftrag nach Gehaltseingang einen festen Betrag.
- Mit einem Erstrang-Sparverhalten sparen Sie automatisch und müssen sich nicht während des Monats permanent einschränken, um am Ende sparen zu können.
- Haben Sie sich erst einmal an Ihre feste monatliche Sparrate gewöhnt, so fällt das Sparen von Monat zu Monat leichter.

Gehen Sie in die Aktion!

- Setzen Sie das Erstrang-Sparverhalten um.
- Richten Sie sofort einen Dauerauftrag auf ein separates Konto mit festem Sparvertrag direkt nach Ihrem monatlichen Gehaltseingang ein.

3.3 Der 50 %-Spar-Turboansatz

Die Idee des 50 %-Spar-Turboansatzes beruht ebenfalls auf der „Bezahle Dich selbst zuerst"-Idee. Der Kern ist einfach: Legen Sie sofort einen Teil des Geldes zurück, das durch Einmalzahlungen – z. B. Bonuszahlungen, Geschenke etc. – oder einer Gehaltserhöhung Ihnen neu zufließt. Das wichtige hierbei ist: Sofort.

Ich empfehle Ihnen, um konkret zu werden, dass Sie von jeglichem neuen Geldzufluss – egal, ob dieser einmalig ist oder permanent – (mindestens) 50 % sofort sparen (siehe auch Abb. 3.1).

Im Übrigen planen Sie bitte nie mit Gehaltserhöhungen, Bonuszahlungen oder andere Zahlungen, bevor Sie diese nicht sicher erhalten.

Der Umgang mit einer Gehaltserhöhung
Einer Gehaltserhöhung bietet Ihnen die großartige Chance, sowohl mehr zu sparen und somit Vermögen ohne Mehraufwand aufzubauen als auch sich selbst zu belohnen und Ihren Lebensstandard zu erhöhen.

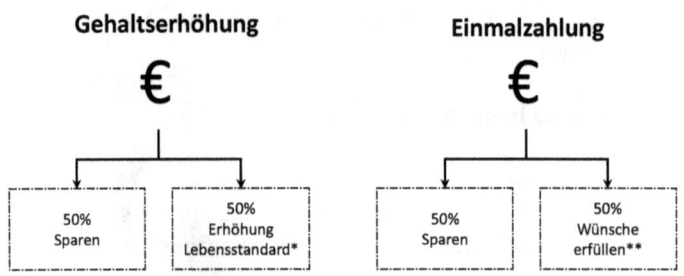

Abb. 3.1 Der 50 %-Spar-Turboansatz

3.3 Der 50 %-Spar-Turboansatz

Wenn Sie mindestens 50 % von Ihren Gehaltserhöhungen zusätzlich monatlich sparen, steigern Sie Ihre Sparrate enorm – ohne auf etwas verzichten zu müssen. Denn das zusätzliche Geld, das Sie nun sparen, war vorher noch nicht Teil Ihres Haushaltsgeldes.

Die zweiten 50 % können Sie dann in Ihr monatlich verfügbares Budget für Ihren Lebensalltag einfließen lassen. Sie können sich von diesem Betrag etwas gönnen und Ihren Lebensstandard erhöhen. Im Idealfall sollten Sie jedoch mit den frei verfügbaren 50 % der Gehaltserhöhung keine neuen Verpflichtungen eingehen. Durch neue Verpflichtungen schränken Sie sich nämlich wiederum nur zusätzlich ein.

Der Umgang mit Einmalzahlungen
Bei einmaligen Zahlungen wie Bonuszahlungen, Geldgeschenken oder dem traurigen Fall eines Erbes sollten Sie auch mindestens 50 % sparen. Den Rest des Ihnen nun einmalig neu zur Verfügung stehenden Betrages werfen Sie bitte nicht in Ihren allgemeinen Haushaltstopf, um so Ihren Lebensstandard zu erhöhen. Denn irgendwann wird das Geld aufgebraucht sein und dann haben Sie sich an einen höheren Lebensstandard gewöhnt, als dass Sie ihn sich von Ihren regulären Einkünften leisten könnten. Sie würden wieder in eine Verzicht- bzw. Mangelsituation geraten.

Nutzen Sie vielmehr das Geld, das Sie nicht sparen, für einmalige ganz besondere Erlebnisse, die Ihnen und Ihren Liebsten Spaß bereiten. Fahren Sie in Urlaub oder gehen Sie luxuriös essen. Kaufen Sie sich einen schönen Einrichtungsgegenstand oder eine tolles Modeaccessoire oder Luxusartikel, wie eine teure Uhr. Kaufen Sie sich aber bitte keine neuen Verbindlichkeiten, wie ein Auto oder etwas, das zukünftig Ausgaben verursachen wird. Diese Kosten wären dann nämlich wiederum von Ihren normalen Einkünften zu bezahlen. Ihr monatliches Einkommen hat sich aber durch die Einmalzahlung nicht erhöht, wodurch eine

Mangelsituation mit Verzicht entstehen würde. Vermeiden Sie diesen Negativkreislauf. Hohe einmalige Geldzuflüsse können sich nämlich durch den Erwerb von Verbindlichkeiten schnell ins Negative kehren. Lassen Sie es sich lieber einmal so richtig gut gehen, denn Belohnung muss auch sein, sonst macht das Leben doch keinen Spaß.

Probieren Sie es aus, Sie werden überrascht sein, wie einfach sparen sein kann und vor allem, wie viel Spaß es macht, das eigene Vermögen kontinuierlich wachsen zu sehen.

Kapitel 3.3 in Kürze
Ideen, die Ihr Leben verändern …

- Sparen Sie immer sofort 50 % des Geldes, das Ihnen neu zufließt (50 %-Spar-Turboansatz).
- Gehaltserhöhung: Die zweiten 50 % können Sie in Ihr monatlich verfügbares Budget für Ihren Lebensalltag einfließen lassen.
- Einmalzahlungen: Die zweiten 50 % nutzen Sie bitte nicht, um Ihren Lebensstandard zu erhöhen, sondern um sich einmalig etwas ganz Besonderes zu gönnen.

Gehen Sie in die Aktion!

- Nutzen Sie den 50 %-Spar-Turbo.
- Sparen Sie immer sofort 50 % des Geldes, das Ihnen neuzufließt.

3.4 Der Umgang mit Schulden

Der erste Schritt im Umgang mit Schulden ist: Akzeptieren Sie diese! Die Schulden sind nun einmal da und das Einzige, was zu tun ist, ist die Schulden so zu regeln, dass Sie trotz Schulden Vermögen aufbauen. Mehr nicht. Machen Sie sich nicht permanent Vorwürfe oder Sorgen, dass Sie in der Vergangenheit einen Fehler gemacht haben. Gehen Sie lieber Ihre Zukunft an.

Nicht alle Schulden sind per se schlecht, sondern es kommt darauf an, wofür Sie die Schulden aufgenommen haben. Haben Sie Schulden, weil Sie über Ihre Verhältnisse gelebt und Dinge „auf Pump" gekauft haben, dann haben Sie schlechte Konsumschulden gemacht. Haben Sie hingegen Schulden, weil Sie Ihr Studium finanziert oder eine Firma gegründet haben, dann haben Sie Schulden gemacht und in Ihre Zukunft investiert. Es kommt bei Schulden somit immer darauf an, wofür diese entstanden sind. Konsumschulden sind grundsätzlich schlecht. Folgen Sie daher nie dem Werbespruch: Kaufe jetzt – zahle später. Fragen Sie sich immer, bevor Sie einen Kredit aufnehmen:

- Wofür brauche ich diesen Kredit?
- Geht es um Konsumbefriedigung oder um eine aussichtsreiche Investition in meine Zukunft?

Der Dispokredit als „Einstiegsdroge"
Oft ist der Dispokredit zur kurzen Zwischenfinanzierung die „Einstiegsdroge" in den Schuldenkreislauf. Nutzen Sie ihn daher nie! Sonst gewöhnen Sie sich sehr schnell daran, Wünsche sofort erfüllt zu bekommen. Ist ja alles ganz einfach und am Anfang auch leicht wieder zu begleichen. Aber nur am Anfang. Die Überziehungen werden nämlich erfahrungsgemäß häufiger und bald sind Sie im Teufelskreis: Dispo genutzt, Dispo überzogen, Dispo in langlaufenden Kredit umgeschuldet, Dispo genutzt, Dispo überzogen, Dispo in langlaufenden Kredit umgeschuldet…

Konsumschulden

Vermeiden Sie unbedingt Konsumschulden! Sie sind die verheerendsten Schulden, die Sie machen können. Der fehlende Betrag, den Konsumschulden repräsentieren, ist alleine für sich gesehen schon schlimm genug. Es steht nämlich kein oder nur ein sehr geringer Gegenwert gegenüber. Konsumgüter wie Autos, Möbel oder Elektrogeräte verlieren sehr schnell an Wert. Noch schlimmer jedoch ist die falsche Einstellung, wodurch die Konsumschulden entstanden sind. Wer Konsumschulden macht, dem ist eine kurzfristige Konsumbefriedigungen wichtiger als seine langfristige selbstbestimmte finanzielle Zukunft.

Menschen mit Konsumschulden leben (oft) eine Lüge. Sie leben über ihre Verhältnisse und wollen sich meist gegenüber anderen über ein teures materielles Erscheinungsbild profilieren. Hier passt der volkstümliche Spruch „Mehr Schein als Sein" perfekt. Diese Menschen umgeben sich mit Dingen, die ihnen nicht gehören, um so ihr meist geringes Selbstbewusstsein aufzupolieren. Dieses wird durch die Schulden jedoch zusätzlich geschwächt, denn Schulden führen meist dazu, dass Menschen, die verschuldet sind, keine Träume mehr haben. Schuldner sehen oft nur noch die Schulden. Aus diesem Grund gehen Schuldner auch meist mit weniger Selbstbewusstsein durchs Leben als Menschen ohne Schulden. Das Selbstvertrauen hat sich oft dem Kontostand angepasst und ist schrecklich geschrumpft. Je höher die Schulden sind, desto geringer ist normalerweise das Selbstbewusstsein. Oft fühlen Schuldner sich nichts mehr wert. Psychologisch gesehen haben Geldschulden eine vergleichbare seelische Wirkung wie eine Schuld, die das Gewissen belastet. Daher Finger weg von Konsumschulden, diese machen Sie langfristig nur unglücklich.

Sehr häufig fangen Konsumschulden harmlos an und werden auf die leichte Schulter genommen. Die 20 oder 30 EUR für ein neues Handy oder die 50 bzw. 70 EUR für einen neuen Fernseher sind doch jeden Monat kein Problem. Die stottere ich locker in zwei Jahren ab. Aber so fängt es an. Daher: nehmen Sie NIE einen Konsumkredit auf! – auch nicht für ein Auto EINFACH NIE!!! Sonst leben Sie in einer Scheinwelt und betrügen nicht nur sich selbst, sondern Sie bringen sich auch um Ihre Zukunft. Sie machen sich Ihr Leben kaputt. Dies muss einmal so drastisch gesagt werden.

Wie man mit Schulden auch abschließen kann
Sie müssen nicht alles Geld zurückgezahlt haben, um persönlich mit Ihren Schulden abzuschließen. Dies bedeutet nicht, dass Sie Ihre Schulden nicht fertig tilgen sollen, sondern vielmehr, dass auch eine langfristig tragfähige Regelung der Schulden als Abschluss angesehen werden kann. Sie können Ihre Schulden schon dann als erledigt ansehen, wenn Sie eine feste Rate zahlen, die Ihnen neben der Schuldentilgung auch einen parallelen Vermögensaufbau ermöglicht.

Ist dies der Fall, dann hindern die Schulden Sie nicht mehr, Vermögen aufzubauen und sich auf Ihre Zukunft zu konzentrieren. Sie haben Ihre Altlasten geregelt und hoffentlich aus Ihren Fehlern für die Zukunft gelernt.

Zahle stets nur die Mindestrate
Der beste Weg, um Ihre Schulden zu regeln und gleichzeitig Vermögen aufzubauen ist, immer nur die Mindestrate an die Bank zu zahlen. Reduzieren Sie Ihre Tilgungsrate auf ein Prozent pro Jahr.

Viele Schuldner zahlen sehr hohe und für ihre Verhältnisse teilweise auch exorbitante Tilgungsraten, um schnell die Schulden beglichen zu haben. Es wird an nichts anderes mehr gedacht und die Gefahren solcher hohen Tilgungsraten komplett außer Acht gelassen. Meist ist dann keine oder eine äußerst geringe finanzielle Manövriermasse vorhanden. Geht beispielsweise die Waschmaschine kaputt, fehlt das Geld, um eine neue kaufen zu können. Es müssen erneut Schulden aufgenommen werden, um den dringend notwendigen Neukauf zu finanzieren. Ein Schuldenteufelskreis beginnt, da der finanzielle Spielraum jetzt noch enger ist als zuvor.

Selbst wenn Sie sich rein theoretisch eine hohe Tilgungsrate leisten können, sollten Sie trotzdem nur die Mindestrate tilgen. Viele Leser werden jetzt denken: Zahle ich dann nicht zu viele Zinsen an die Bank? Ich möchte doch Zinsen sparen.

Ja, Sie werden bei der Mindesttilgung mehr Zinsen an die Bank zahlen als bei einer höheren Tilgung. Allerdings muss Sie das nicht beunruhigen, denn Sie können mit dem freien Geld Vermögen aufbauen, das normalerweise mehr Ertrag erwirtschaftet als Ihr Kredit Zinsen kostet. Im Endeffekt verdienen Sie somit Geld. Hinzu kommt, Sie setzen den Schulden etwas Positives entgegen – Ihr Vermögen. Schulden an sich sind nicht das Problem, es ist das fehlende Vermögen.

Der Aufbau eines Vermögens parallel zum Schuldenabbau hat den Vorteil, dass der Fokus von den Schulden hin zu Ihrem Vermögen verlagert wird und somit zukunftsgerichtet ist. Sie stecken nicht mehr in alten Ängsten oder Verhaltensmustern fest. Sie beginnen, sich selbst zuerst zu bezahlen. Die Schulden sind nicht mehr das Problem, denn diese sind auch mit der Mindestrate geregelt. Es geht nun vielmehr um Ihre finanzielle Vision und Selbstbestimmung. Andernfalls würden Sie erst anfangen zu sparen, wenn Sie alle Schulden getilgt haben. Ihnen entginge die Chance, schon jetzt lukrative Investitionen zu tätigen und Ihr Geld für sich arbeiten zu lassen. Zusammengefasst bedeutet dies: Wenn Sie wenig tilgen, werden Sie reicher!

Eine Ausnahme von der Mindestrate gibt es
In einem Fall sollten Sie mehr als die Mindestrate tilgen und alles verfügbare Geld in die Tilgung Ihres Krediites stecken. Dies ist der Fall, wenn Ihre Kreditzinsen höher sind als die erwartete Rendite Ihrer Investitionen zum Vermögensaufbau. Ist dies der Fall, sollten Sie zunächst versuchen, Ihren Kredit umzuschulden,[1] um bessere Konditionen zu erhalten. Scheuen Sie sich nicht, eine Vorfälligkeitsentschädigung an die Bank zu zahlen, wenn Sie in der Summe dadurch Geld sparen. Lassen Sie sich hierbei stets umfassend beraten und alles vorrechnen. Falls jedoch eine Umschuldung nicht möglich ist, tilgen Sie den

---

[1]Schulden, die durch einen Dispokredit finanziert sind, sollten Sie immer umschulden in ein lang laufendes Darlehen; denn Dispokreditzinsen liegen trotz der aktuellen Niedrigzinsphase im Durchschnitt noch bei 10 %.

3.4 Der Umgang mit Schulden

Kredit so schnell wie möglich. Priorisieren Sie die Tilgung des Krediites, indem Sie beispielsweise alles verfügbare Geld nutzen, um Sondertilgungen zu tätigen. Haben Sie mehrere hoch verzinste Kredite, dann tilgen Sie den mit dem höchsten Zinssatz zuerst.

> **Kapitel 3.4 in Kürze**
> **Ideen, die Ihr Leben verändern ...**
>
> - Der erste Schritt im Umgang mit Schulden ist: Akzeptieren Sie diese!
> - Sie müssen nur Ihre Schulden regeln, um wieder frei zu sein.
> - Ihre Schulden zu regeln bedeutet nicht zwangsläufig, dass Sie diese so schnell wie möglich abbezahlen.
> - Sie können Ihre Schulden schon dann als erledigt ansehen, wenn Sie eine feste Rate zahlen, die Ihnen neben der Schuldentilgung auch einen parallelen Vermögensaufbau ermöglicht.
> - Tilgen Sie immer nur die Mindestrate (Ausnahme: Die Kreditzinsen sind höher als die erwartete Rendite Ihrer Investitionen).
> - Wenn Sie wenig tilgen, werden Sie reicher!
>
> **Gehen Sie in die Aktion!**
>
> - Wenn Sie Schulden haben, akzeptieren Sie diese!
> - Stellen Sie Ihre Schuldentilgung auf die Mindestrate um (Prüfen Sie zuvor die Ausnahme).

4 Das Konzept der zwei Geldkreisläufe

▶ In diesem Kapitel wird das einfach umzusetzende System der zwei Geldkreisläufe vorgestellt. Dieses System wurde so konzipiert, dass Sie bei Anwendung automatisch Vermögen aufbauen. Es bietet darüber hinaus einen umfassenden Ansatz für finanziellen Schutz für Sie und Ihre Familie. Es kann einkommensunabhängig umgesetzt werden und ist individuell auf Ihre Lebenssituation anpassbar.

Jeder Mensch nimmt den Wert von Geld subjektiv unterschiedlich war und geht dementsprechend anders damit um – wir alle haben unsere eigene Geld-Wahrnehmung. Aufgrund dieser Wahrnehmung treffen wir unsere Entscheidungen im Zusammenhang mit Geld. Objektiv betrachtet sind manche dieser Geldentscheidungen sogar irrational und falsch.

Dieses Phänomen wird in der Wissenschaft unter dem Fachbegriff „Mental Accounting (mentale Buchhaltung)" diskutiert. Mental Accounting ist ein verhaltenstheoretischer Ansatz, der zu erklären versucht, warum Menschen den Wert von Geld unterschiedlich wahrnehmen und es deswegen zu irrationale Entscheidungen kommen kann. So kann es zum Beispiel sein, dass eine Person ihr Konto überzieht und hohe Dispozinsen zahlt, obwohl sie auf einen Sparbuch viel Geld liegen hat, das so gut wie keine Zinsen erwirtschaftet.

Die einfache Erklärung hierfür ist, dass die Person in ihrem Kopf dem Geld auf dem Sparbuch ein anderer Zweck zugedacht hat als dem Geld auf ihrem Girokonto. Beide Konten werden mental komplett separiert und die Vermögenssituation nicht in der Gesamtschau betrachtet. Das Geld auf dem Sparbuch steht somit mental nicht zur Verfügung um den Dispokredit auszugleichen, obwohl es objektiv das richtige wäre.

Mental Accounting
Die Theorie des Mental Accountings geht auf den Nobelpreisträger Richard Thaler zurück. Thaler hat gezeigt (Thaler 1999), dass Menschen Geld in Abhängigkeit von verschieden Faktoren wie Geldherkunft oder beabsichtigte Verwendung unterschiedlich behandeln.

Einfach gesagt, wir schauen nicht auf das „Endergebnis" wie in der betrieblichen Finanzbuchhaltung, sondern optimieren alles separat. Wir teilen unser Geld in verschiedene Konten wie Miete, Essen oder Freizeit ein. Unser Gehirn gibt dann jedem Konto ein gewisses Budget. Das Geld ist dann für uns nicht mehr mental bewegbar und kann nicht von einem mentalen Konto auf ein anderes umgebucht werden. Hierdurch bekommen objektiv gleiche Beträge subjektiv ein unterschiedliches Gewicht. Dies wiederum kann zu irrationalen Entscheidungen führen, die erst durch Mental Accounting nachvollziehbar werden.

Mir ist beispielsweise zu Ohren gekommen, dass eine Person unbedingt einen neuen Bettbezug brauchte, da der alte nach langem Gebrauch verschlissen war. Die Person hatte sich einen fixen Betrag in den Kopf gesetzt, denn sie maximal ausgeben wollte (Mental Accounting). Leider kosteten jedoch die von der Größe her passenden Bezüge etwas mehr, als ihr mentales Budget hergab. Die größeren Bezüge waren jedoch im Preis reduziert und lagen somit im Budget. Die Person kaufte daher einen zu großen Bettbezug, nur um in ihrem mentalen Budget zu bleiben. Danach ging sie spontan lecker essen, um sich für das Schnäppchen zu belohnen. Der zu große Bettbezug war nämlich um 50 % heruntergesetzt worden. Das Geld, das sie für das Mittagessen spontan ausgab, war mehr als das, was sie zusätzlich zu ihrem mentalen Budget für eine passende Bettdecke hätte ausgeben müssen. Das Geld war jedoch nicht für eine passende Bettdecke verfügbar, da es auf einem anderen mentalen Konto verbucht war. Das Essen war schnell vergessen, aber den unpassenden Bettbezug hatte die Person die nächsten Jahre und ärgerte sich darüber.

Mental Accounting kann beispielsweise auch erklären, warum wir uns eigentlich als sparsam betrachten, aber irgendwie trotzdem jeden Monat viel Geld ausgeben. Sind Sie in dieser Situation? Wenn ja, dann beachten Sie Ihr Konto für kleine Ausgaben sehr wahrscheinlich zu wenig. Sie prüfen zwar „größeren" Ausgaben – vielleicht sogar schon ab 10 oder 20 EUR –, ob diese notwendig sind. Gönnen sich aber kleineren Konsum – z. B. einen Coffee to go – ohne darüber nachzudenken. Allerdings sind jeden Tag 1,79 EUR für einen Coffee to go im Monat auch über 55 EUR.

Wie uns Mental Accounting helfen kann
Das wir unser Geld mental in verschiedene Konten einteilen, ist per se nicht schlecht. Es kann uns sogar helfen unsere Ausgaben zu kontrollieren und im „Durcheinander" unserer Lebensfinanzen nicht den Überblick zu verlieren.

Allerdings kann eine schlechte mentale Buchhaltung auch schnell sehr teuer werden. Dies zu vermeiden hilft Ihnen das Konzept der zwei Geldkreisläufe. Darüber hinaus können Sie mit dem Konzept der zwei Geldkreisläufe Ihre Finanzen individuell optimieren und zielgerichtet Vermögen aufbauen. Sie können so Ihre finanzielle Vision strukturiert erreichen.

Das Konzept der zwei Geldkreisläufe in Kürze
Sie sollten immer Ihre alltäglichen Zahlungsströme – Ihren „Alltagskreislauf" – von den Zahlungsströmen zum Vermögensaufbau – Ihren „Vermögenskreislauf" – separieren (siehe auch Abb. 4.1). Nur so kommen Sie nicht in die Verlegenheit, Gelder aus Ihrem Vermögen für kurzfristigen Konsum auszugeben. Sie sollten somit zwei voneinander unabhängige Geldkreisläufe aufbauen. Diese beiden Geldkreisläufe umfassen jeweils separate Konten zur Erfüllung unterschiedlicher Zwecke (Mental Accounting).

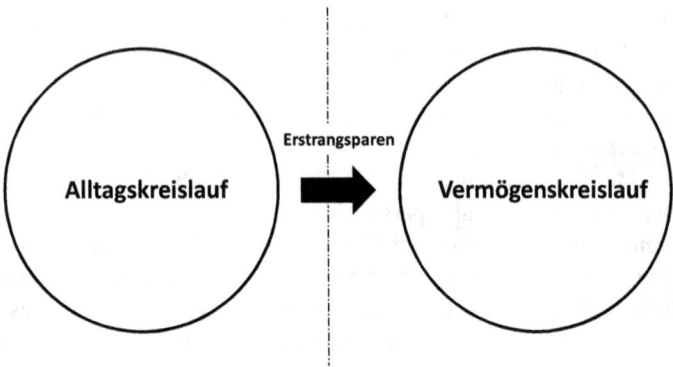

Abb. 4.1 Das Konzept der zwei Geldkreisläufe

Das Ziel Ihres Alltagskreislaufes ist es, Ihre privaten alltäglichen Zahlungen wie Miete, Strom etc. effizient abzuwickeln. Innerhalb dieses Kreislaufes wird ergänzend durch gezielte Rücklagenbildung sichergestellt, dass Sie finanziell abgesichert sind. Ihr Alltagskreislauf sollte daher einen Puffer für hohe planbare sowie unvorhersehbare Sonderausgaben und eine Rücklage zur Absicherung von einkommensschwachen Situationen wie vorübergehende Arbeitslosigkeit umfassen. Durch gezieltes Sparen innerhalb des Alltagskreislaufs werden zusätzlich kurzfristige Sparziele umgesetzt und beispielsweise Geld für den nächsten Urlaub angespart. Der Alltagskreislauf ist mit Ihrem Vermögenskreislauf durch langfristiges Erstrang-Sparverhalten verbunden. Innerhalb des Vermögenskreislaufes findet dann eine Investition der gesparten Gelder in Vermögenswerte statt. Erzielte Erträge aus erworbenen Vermögenswerten werden wiederum innerhalb des Vermögenskreislaufes reinvestiert.

Vorteile zweier Geldkreisläufe
Der Vorteile der Nutzung von zwei voneinander separierten Geldkreisläufen liegt u. a. darin, dass Sie durch die Separierung eine klare Übersicht über Ihre finanzielle Situation erhalten. Anhand der Gelder in Ihrem Vermögenskreislauf lässt sich Ihre Vermögenssituation leicht ablesen. Die Kontobewegungen in Ihrem

Alltagskreislauf beschreiben Ihre Spar- und Ausgabensituation. Ergänzt um ein Haushaltsbuch (siehe hierzu Abschn. 2.5) erhalten Sie eine vollständige Ausgabentransparenz. Durch die Etablierung des Erstrang-Sparverhaltens wird sichergestellt, dass Sie kontinuierlich Vermögen aufbauen. Ihr Vermögen in Ihrem Vermögenskreislauf wächst dann zum einen durch regelmäßiges Sparen und zum anderen durch die Reinvestition der Erträge aus Ihren Vermögenswerten. Sie nutzen neben den Vorteilen des Erstrang-Sparverhaltens somit auch den Zinseszinseffekt zur Vermögensbildung optimal aus. Darüber hinaus werden Sie nicht verleitet, gesparte Gelder auszugeben, da diese von Ihren alltäglichen Ausgaben mental und physisch separiert sind.

Der größte Vorteil des Konzepts der zwei Geldkreisläufe ist jedoch, dass es – einmal eingerichtet – so gut wie keinen Aufwand verursacht. Die Umsetzung läuft automatisch Monat für Monat. Ihre finanzielle Situation ist optimiert und notwendige Anpassungen aufgrund großer Veränderungen (z. B. Gehaltserhöhung) sind schnell durchgeführt. Somit haben Sie so gut wie keinen Aufwand mehr mit Ihren Finanzen. Sie sind zugleich finanziell abgesichert und bauen darüber hinaus kontinuierlich Vermögen auf. Die konkrete Ausgestaltung der zwei Geldkreisläufe lässt sich außerdem durch wenige Stellschrauben individuell auf Ihre finanzielle Situation anpassen. Wie dies konkret funktioniert und was es zu beachten gilt, erfahren Sie in den nächsten Kapiteln.

Kapitel 4 in Kürze
Ideen, die Ihr Leben verändern ...

- Machen Sie sich das Phänomen des Mental Accounting zu nutzen und bauen Sie sich zwei Geldkreisläufe auf.
- Alltagskreislauf: Dient zur Abwicklung all Ihrer täglichen Zahlungen, Absicherung von ungeplanten Ausgaben, Rücklagenbildung für feste Zahlungsverpflichtungen und zum gezielten Sparen auf kurzfristige Konsumziele.
- Vermögenskreislauf: Dient einzig und alleine dazu, dass Sie zielgerichtet Vermögen aufbauen.
- Ihr Alltagskreislauf sollte mit Ihrem Vermögenskreislauf durch langfristiges Erst-Rangsparverhalten verbunden sein.

Gehen Sie in die Aktion!

- Bauen Sie sich zwei Geldkreisläufe auf.

4.1 Der Alltagskreislauf

Ihr persönlicher finanzieller Alltagskreislauf zur Abwicklung all Ihrer täglichen Zahlungen, Absicherung von ungeplanten Ausgaben, Rücklagenbildung für feste Zahlungsverpflichtungen und zum gezielten Sparen für kurzfristige Konsumziele sollte ein kostenloses Gehaltskonto und mindestens vier Tagesgeldkonten[1] umfassen (siehe auch Abb. 4.2). Diese Konten lassen sich in drei Bereiche einordnen:

1. Zahlungsabwicklung,
2. finanzielle Absicherung und
3. kurzfristige Sparziele.

In den Bereichen „finanzielle Absicherung" und „kurzfristige Sparziele" verbleibt das dort eingezahlte Geld, bis es für den jeweiligen klar festgelegten Zweck eingesetzt wird.

Damit die verschiedenen Bereiche des Alltagskreislaufes ihren Zweck erfüllen können, bedarf es einer gezielten Ausrichtung der Kapitalflüsse zwischen den verschiedenen Konten. Nachfolgend wird daher für jeden Bereich dargestellt, wie in optimaler Weise die Kapitalflüsse in Ihrem Alltagskreislauf ausgestaltet werden können.

---

[1] Ein Tagesgeldkonto ist ein verzinstes Konto. Die Zinsen sind variabel und liegen im Normalfall über dem Sparbuch. Die auf ein Tagesgeldkonto eingezahlten Gelder sind täglich verfügbar. Es gibt keine Kündigunsfristen wie beim Festgeld. Einzahlungen können von jedem Konto mittels normaler Überweisung vorgenommen werden. Von einem Tagesgeldkonto aus kann kein allgemeiner Zahlungsverkehr vorgenommen werden. Die Gelder auf dem Tagesgeldkonto können nur auf ein bei Eröffnung festgelegtes sogenanntes Referenzkonto – hier bietet sich Ihr Girokonto an – überwiesen werden. Dies bietet zusätzliche Sicherheit. Die Gelder auf einem Tagesgeldkonto unterliegen der Einlagensicherung.

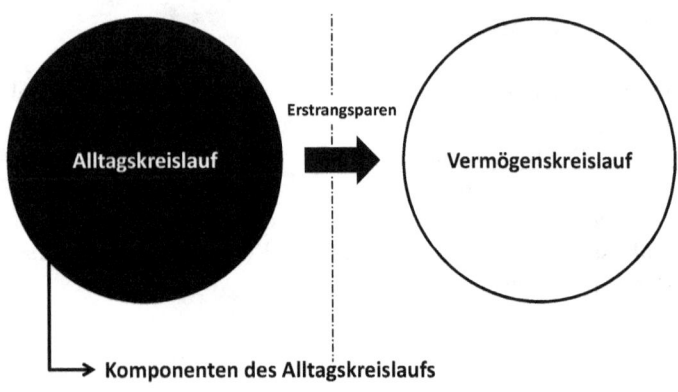

Komponenten des Alltagskreislaufs

- Girokonto
- Alltagspuffer-Tagesgeldkonto
- Sicherheits-Tagesgeldkonto
- Einmalzahlungs-Tagesgeldkonto
- Tagesgeldkonto für kurzfristige Sparziele
- Extremfall-Puffer

Abb. 4.2 Der Alltagskreislauf und seine Unterkonten

4.1.1 Der Bereich Zahlungsabwicklung

Zum Bereich „Zahlungsabwicklung" gehört ausschließlich Ihr Gehaltskonto[2]. Dieses verwenden Sie zur Abwicklung Ihres Zahlungsverkehrs im täglichen Leben – Daueraufträge, Überweisungen, Geld abheben etc.

Von Ihrem Gehaltskonto aus sollten alle Zahlungsverpflichtungen abgehen. Erteilen Sie für wiederkehrende Zahlungen wie Telefon- oder Stromrechnungen eine Einzugs-

---

[2]Sie sollten für Ihr Gehaltskonto keinerlei monatliche Grundgebühren zahlen. Falls Sie aktuell bei einer Filialbank mit Kontoführungsgebühren sind, dann wechseln Sie am besten zu einer Online-Bank mit kostenlosen Gehaltskonten.

ermächtigung. Wiederkehrende Zahlungen, die nicht per Einzugsermächtigung abgebucht werden können, sollten Sie per Dauerauftrag abwickeln. Hierdurch geraten Sie nie in Zahlungsverzug und müssen Mahngebühren etc. zahlen.

Nach Abgang aller monatlichen Sparraten – ebenfalls per Dauerauftrag direkt nach Gehaltseingang (siehe hierzu Abschn. 3.2 und 4.2) – und der Zahlungsverpflichtungen stehen Ihnen die Gelder auf Ihrem Girokonto für Ihren Alltag frei zur Verfügung. Sie müssen sich keine Gedanken mehr darüber machen, ob Sie von dem verbleibenden Geld noch etwas sparen wollen, da Sie bereits durch Erstrang-Sparverhalten in Ihre Zukunft investiert haben.

4.1.2 Der Bereich finanzielle Absicherung

Der Bereich „finanzielle Absicherung" umfasst drei Tagesgeldkonten, auf denen Sie verschiedene Beträge zur Absicherung Ihrer aktuellen Lebenssituation vorhalten:

- Alltagspuffer-Tagesgeldkonto,
- Sicherheits-Tagesgeldkonto und
- Einmalzahlungs-Tagesgeldkonto.

1. Das Alltagspuffer-Tagesgeldkonto
Das Alltagspuffer-Tagesgeldkonto ist zum Aufbau einer Grundabsicherung gedacht. Zur Erreichung dieser Grundabsicherung richten Sie bitte so lange einen Dauerauftrag ein, bis Ihr Zielbetrag auf dem Konto angespart wurde. Dieser Geldbetrag ist absolut vorrangig mit höchster Priorität aufzubauen.

Solange Sie noch nicht Ihren vollen Alltagspuffer aufgebaut haben, verfolgen Sie bitte keine weiteren Sparziele. All Ihr verfügbares Geld sollte zunächst ausschließlich in den Aufbau Ihres Alltagspuffers fließen, und zwar so lange, bis dieser vollständig aufgebaut ist. Danach können Sie den eingerichteten Dauerauftrag reduzieren und zukünftig nur noch einen geringen Betrag – beispielsweise 20 EUR im Monat – in die Erhöhung Ihres Alltagspuffers stecken (eine Art „Inflationsschutz"). Eine weitere

Erhöhung Ihres Alltagspuffers ist nicht notwendig, es sei denn, Ihr Lebensstandard erhöht sich. Sobald Ihr Alltagspuffer vollständig aufgebaut ist, haben Sie eine stabile finanzielle Grundabsicherung erreicht. Sie sind gegenüber unerwarteten hohen Zahlungen abgesichert.

Die Höhe Ihres Alltagspuffers sollte sich nach Ihrer aktuellen Lebenssituation bemessen. Als Faustformel können Sie ca. zwei bis drei Netto-Monatsgehälter als Alltagspuffer anstreben. Falls Ihnen dies zu ungenau ist, können Sie sich alternativ auch individuell überlegen, welche Beträge Sie für ungeplante Sonderausgaben in folgenden Bereichen zurücklegen möchten: 1) Konsumgüter, 2) Gesundheit, 3) Auto und 4) Sicherheitsaufschlag.

Sie könnten beispielsweise für den Ersatz von Konsumgütern – wie Elektrogroßgeräten oder eines PCs – 1000 EUR ansetzen. Zur Absicherung unerwarteter Gesundheitskosten – wie Zahnersatz – planen Sie nochmals 1000 EUR ein. Für mögliche Autoreparaturen kalkulieren Sie zusätzlich ca. 5–10 % des Listenpreises Ihres Autos als Reparaturkostenrücklage. Auf den so ermittelten Gesamtbetrag addieren Sie 10 bis 20 % als Sicherheitszuschlag obendrauf.

Haben Sie Familie, dann sollten Sie im Bereich Gesundheit für jedes Familienmitglied Geld zurücklegen. Der Aufschlag für sonstige Sonderausgaben sollte dann mindesten 25 % betragen. Als Besitzer einer selbst genutzten Immobilie sollten Sie stets eine separate Rücklage für Instandhaltungsreparaturen aufbauen.

Auf Ihren Alltagspuffer greifen Sie nur dann zurück, wenn tatsächlich eine ungeplante Sonderausgabe – wie beispielsweise das Ersetzen einer kaputten Waschmaschine – eintritt. Das angesparte Geld ist nicht dazu da, absehbare größere Ausgaben, wie eine Autoinspektion zu bezahlen. Diese Kosten sollten Sie frühzeitig über das Konzept des Einmalzahlungs-Tagesgeldkontos finanzieren. Tritt jedoch plötzlich eine unerwartete Autoreparatur auf, dann kann diese durch Gelder aus dem Alltagspuffer problemlos beglichen werden.

2. Das Sicherheits-Tagesgeldkonto

Die Idee des Sicherheits-Tagesgeldkontos ist es, Ihre Grundabsicherung gegenüber unvorhersehbaren Sonderausgaben (Alltagspuffer) um eine Absicherung für einkommensschwache Situationen, wie längere Krankheit oder vorübergehende Arbeitslosigkeit, zu erweitern (Finanzpuffer). Dieser Finanzpuffer ist dafür da, dass Sie auch in Situationen ohne sicheres Einkommen bzw. mit einem geringeren Einkommen als heute nicht in Geldprobleme geraten. Ihr Finanzpuffer soll Ihnen ermöglichen, mindestens ein Jahr – wahlweise ein halbes Jahr – ohne Ihr momentanes monatliches Einkommen auf dem Niveau Ihres jetzigen Lebensstandards zu leben.

Den Aufbau eines solchen Sicherheitspuffers sollten Sie direkt als zweites Sparziel nach der Ansparung Ihres Alltagspuffers angehen. Wie bei dem Aufbau des Alltagspuffers sollten Sie auch während des Aufbaus Ihres Finanzpuffers keine weiteren Sparziele verfolgen. Die Sparrate, die Sie zuvor für den Aufbau Ihres Alltagspuffers verwendet haben, setzen Sie nun am besten zum Aufbau Ihres Finanzpuffers ein.

Sie denken jetzt wahrscheinlich, bis ich das Geld zusammen habe, vergeht doch eine halbe Ewigkeit. Aber nein, Sie benötigen nämlich nicht sechs oder zwölf volle Netto-Monatsgehälter. In Deutschland gibt es gute soziale Sicherungssysteme, die genau in solchen Fällen – wie vorübergehende Arbeitslosigkeit und längere Krankheit – greifen und Sie absichern. Sie bekommen in solchen Fällen vom Staat einen Teil Ihres aktuellen Gehaltes weiterhin ausgezahlt. Es geht somit darum, für die entstehende Lücke vorzusorgen. Um diese Lücke zu berechnen, nehmen Sie bitte Ihre aktuellen Ist-Kosten aus Ihrem Haushaltsbuch (Durchschnittswerte der letzten drei bis sechs Monate) und addieren Ihre monatlichen fixen Kosten, wie Miete etc. dazu. Diesen Betrag multiplizieren Sie mit sechs oder zwölf, je nachdem für wie viele Monate Sie Ihren Finanzpuffer bilden möchten. Als dritte Komponente addieren Sie bitte alle Ihre wiederkehrenden, aber nicht monatlichen Zahlungsverpflichtungen für ein Jahr hinzu. Diesen Betrag benötigen Sie mindestens, um Ihren aktuellen Lebensstandard weiter führen zu können. Sie können den Betrag nun wahlweise noch um Sparbeträge für weitere Konsumausgaben, wie Urlaub etc. erhöhen. Wichtig ist, dass Sie Ihre aktuellen Ist-Kosten und keine geringeren Beträge mit dem Argument, ich kann mich ja zur Not einschränken, ansetzen. Solch eine Einschränkung in Notsituationen funktioniert meist nicht und sollte daher auch nicht im Vorhinein angestrebt werden. Sie würden sich nur selbst beschränken und Ihre Absicherung würde Ihnen keine umfassende Sicherheit geben.

Von dem so kalkulierten Betrag ziehen Sie Ihre Ansprüche auf Arbeitslosengeld[3] ab. Berechnen Sie diese am besten online mit einem Arbeitslosengeld-Rechner[4]. Der so errechnete Betrag ist die Zielgröße für Ihren Finanzpuffer. Er sichert Sie gegen Gehaltseinbrüche bei vorübergehender Arbeitslosigkeit oder längerer Krankheit ab. Er ermöglicht Ihnen jedoch nicht, ein halbes oder ein ganzes Jahr frei zu nehmen und eine Art Sabbatical einzulegen. Im Sabbatical haben Sie nämlich auch Verpflichtungen. Wollen Sie eine Absicherung, die auch ein Sabbatical ermöglicht, dann dürfen Sie den benötigten Betrag nicht um Ihren Arbeitslosengeldanspruch kürzen. Ergänzend müssen Sie darüber hinaus noch einen Betrag für Aktivitäten – wie Reisen – hinzurechnen.

Wie Sie genau die Höhe Ihres Finanzpuffers ausgestalten und für welche Periode bzw. welchen Zweck er dienen soll, ist Ihnen überlassen. Allerdings ist das Minimum, das Ihr Finanzpuffer absichern sollte, eine sechsmonatige Arbeitslosigkeits- bzw. Krankheitsphase.

Auf Ihren Finanzpuffer greifen Sie bitte nur dann zurück, wenn tatsächlich eine einkommensschwache Situationen eintritt oder Sie Ihr geplantes Sabbatical nehmen. Sonst nicht!

---

[3]Der Pflegegeldanspruch ist betragsmäßig in Deutschland meist höher als der Arbeitslosengeldanspruch; daher empfehle ich, hier mit dem geringeren Anspruch auf Arbeitslosengeld zu kalkulieren.

[4]Die Bundesagentur für Arbeit bietet bspw. solche Rechner auf ihrer Homepage an.

3. Das Einmalzahlungs-Tagesgeldkonto

Ihr Einmalzahlungs-Tagesgeldkonto dient ebenfalls zur finanziellen Absicherung. Diesmal geht es jedoch nicht um unerwartete Zahlungen oder einkommensschwache Situationen, sondern um das Verhindern von finanziellen Engpässen bei großen einmaligen bzw. wiederkehrenden Zahlungsverpflichtungen. Es geht somit um den vorausschauenden Umgang mit bekannten Zahlungsverpflichtungen.

Viele Menschen haben Verträge, die beispielsweise jährliche oder halbjährliche Zahlungen beinhalten. Oft führen diese Verpflichtungen bei Fälligkeit zu einem großen Loch in der Haushaltskasse, da es versäumt wurde, rechtzeitig Geld zurückzulegen. Um solche finanziellen Engpässe zu vermeiden, sollten Sie auf Ihr Einmalzahlungs-Tagesgeldkonto monatlich per Dauerauftrag direkt nach Gehaltseingang Geld für diese Verpflichtungen einzahlen.

Die Höhe des einzurichtenden Dauerauftrages errechnen Sie, indem Sie alle nicht monatlichen Zahlungen auf Monatsebene herunterbrechen. Hierdurch erhalten Sie den monatlichen Sparbetrag, der notwendig ist, um Ihren zukünftigen festen Zahlungsverpflichtungen problemlos nachkommen zu können. Ihre Haushaltskasse wird von nun an nur noch regelmäßig mit kleinen Beträgen belastet und die Gefahr großer Haushaltslöcher ist gebannt. Wenn sich die Höhe Ihrer Verpflichtungen ändert, passen Sie bitte sofort auch Ihren Dauerauftrag entsprechend an.

Sie entnehmen von Ihrem Einmalzahlungs-Tagesgeldkonto nur dann Geld, wenn die Einmalzahlung, für die Sie das Geld angespart haben, fällig wird. Dies wäre beispielsweise der Fall, wenn Sie Ihre Autoversicherung jährlich bezahlen und die Rechnung der Versicherung nun fällig ist.

Das Konzept des Einmalzahlungs-Tagesgeldkontos sollten Sie sofort umsetzen, auch schon während dem Aufbau Ihres Alltags- und Finanzpuffers. Denn nur so geraten Sie kurzfristig nicht in finanzielle Zahlungsschwierigkeiten.

4.1.3 Der Bereich kurzfristige Sparziele

Dieser Bereich umfasst nur ein Tagesgeldkonto. Es dient zum Ansparen von Geldern zur Erfüllung von kurzfristigen (Konsum-)Wünschen. Hier geht es nicht um Ihren finanziellen Schutz, sondern um Ihre Wünsche. Die müssen auch sein, denn sonst macht das Leben keinen Spaß.

4. Das Wünsche-Tagesgeldkonto
Neben Ihrer Sparrate zur finanziellen Absicherung sollten Sie auch Geld für kurzfristige Sparziele wie einen Urlaub oder den Kauf von Weihnachtsgeschenken zurücklegen. Diese gesparten Gelder sollten jedoch nicht in den Vermögenskreislauf übertragen werden, da diese zur Finanzierung von kurzfristigen (Konsum)Wünschen gedacht sind und nicht, um langfristig Vermögen aufzubauen. Richten Sie daher für Ihre kurzfristigen Sparziele einen Dauerauftrag für Ihr Wunsch-Tagesgeldkonto ein. Von Ihrem Wunsch-Tagesgeldkonto entnehmen Sie nur dann Geld, wenn ein kurzfristiges Sparziel erreicht wurde und Sie beispielsweise Ihre Urlaubsbuchung bezahlen.

Sie sollten erst mit dem Sparen für kurzfristige (Konsum) Wünsche beginnen, wenn Ihr finanzieller Schutz komplett aufgebaut ist und Sie über einen Alltags- und einen Finanzpuffer verfügen. Zuvor ist das Risiko zu groß, in finanzielle Probleme zu geraten.

4.1.4 Die Verbindung des Alltagskreislaufs mit dem Vermögenskreislauf

Ihr Alltagskreislauf ist mit Ihrem Vermögenskreislauf durch Erstrang-Sparverhalten verbunden. Zur Etablierung Ihres Erstrang-Sparverhaltens richten Sie bitte einen Dauerauftrag ein, der direkt nach Gehaltseingang einen festen monatlichen Betrag

4.1 Der Alltagskreislauf

von Ihrem Gehaltskonto zu Ihrem Verrechnungskonto im Vermögenskreislauf überweist. Für genauere Informationen zu diesem Konto siehe Abschn. 4.2.

Die Höhe des Dauerauftrags bemisst sich durch Ihre individuelle Sparrate zum Vermögensaufbau. Sie sollte im Idealfall mindestens zehn Prozent Ihres Netto-Einkommens ausmachen. Ein Ansatz zur Bestimmung der maximal möglichen Sparrate findet sich in Abschn. 2.5 im Abschnitt zum Thema „Einkommens-Check-up".

Den Dauerauftrag passen Sie bitte bei jeder Gehaltserhöhung um mindestens 50 % des nun monatlich mehr zu Verfügung stehenden Netto-Einkommens an. Sie sparen somit ohne Verzicht kontinuierlich mehr und nutzen den 50 %-Spar-Turboansatz aus Abschn. 3.3.

Die digitale Alternative
Für die digitale Alternative der Optimierung Ihres Alltagskreislaufs benötigen Sie lediglich ein Gehaltskonto sowie ein Tagesgeldkonto. Die zuvor auf vier Tagesgeldkonten – Alltagspuffer-, Sicherheit-, Einmalzahlungs- und Wünsche-Tagesgeldkonto – aufgeteilten Sparraten fließen nun alle auf dieses eine Tagesgeldkonto. Ergänzend führen Sie in Excel sozusagen Buch und teilen dort den Saldo Ihres einen Tagesgeldkontos weiterhin in Alltags- und Finanzpuffer sowie Geld für Einmalzahlungen und Konsumwünsche auf.

Wenn Sie diese Variante umsetzen möchten, dann legen Sie bitte trotzdem separate Daueraufträge für die einzelnen Bereiche an. Nur so erhalten Sie sich die volle Transparenz über Ihre finanziellen Transaktionen auf Ihrem Gehaltskonto sowie auf dem einen Tagesgeldkonto. Sie sehen dann immer noch jeden Monat auf Ihrem Kontoauszug, wie viel Geld Sie wofür genau zurücklegen.

Kapitel 4.1 in Kürze
Ideen, die Ihr Leben verändern ...

- Ihr Alltagskreislauf sollte drei Bereiche umfassen:
  1. Zahlungsabwicklung,
  2. finanzielle Absicherung und
  3. kurzfristige Sparziele.
- Zu dem Bereich „Zahlungsabwicklung" gehört ausschließlich Ihr Gehaltskonto. Es dient zur Abwicklung Ihres Zahlungsverkehrs des täglichen Lebens.
- Der Bereich „finanzielle Absicherung" umfasst drei Tagesgeldkonten: Alltagspuffer-Tagesgeldkonto, Sicherheits-Tagesgeldkonto und Einmalzahlungs-Tagesgeldkonto.
  - Alltagspuffer-Tagesgeldkonto: Aufbau einer Grundabsicherung gegenüber unerwartet hohen Zahlungen. Höhe sollte sich nach Ihrer aktuellen Lebenssituation bemessen (Faustformel: ca. 2 bis 3 Netto-Monatsgehälter).
  - Sicherheits-Tagesgeldkonto: Absicherung für einkommensschwache Situationen (Finanzpuffer). Absicherung sollte für ein Jahr bzw. mind. sechs Monate reichen. Höhe sollte sich an Ihren tatsächlichen Ist-Kosten orientieren und die Lücke zu den sozialen Absicherungssystemen abdecken.
  - Einmalzahlungs-Tagesgeldkonto: Verhindern von finanziellen Engpässen bei großen einmaligen bzw. wiederkehrenden Zahlungsverpflichtungen. Sparen Sie monatlich den Betrag, der sich aus dem Herunterbrechen der relevanten Zahlungen auf Monatsebene ergibt.
- Befolgen Sie folgende Sparreihenfolge beim Aufbau Ihrer finanziellen Absicherung:
  1. Alltagspuffer absolut vorrangig und
  2. Finanzpuffer direkt nach Alltagspuffer.

- Konzept der Einmalzahlungen sofort umsetzen, bereits parallel zum Aufbau Ihrer Grundabsicherung und Ihres Finanzpuffers
- Ihr Wünsche-Tagesgeldkonto dient dazu, Geld für kurzfristige Sparziele anzusammeln.

Gehen Sie in die Aktion!

- Legen Sie sich alle Konten Ihres Alltagskreislaufes an.
- Beginnen Sie sofort mittels Erstrang-Sparverhalten mit dem Aufbau Ihrer finanziellen Absicherung.
- Benutzen Sie Geld von den drei Tagesgeldkonten nur für den diesem Geld zugewiesenen Zweck.

4.2 Der Vermögenskreislauf

Ihr Vermögenskreislauf dient einzig und alleine dazu, dass Sie zielgerichtet Vermögen aufbauen. Er ist einfach organisiert und besteht aus einem Tagesgeldkonto und einem Depot[5] (siehe auch Abb. 4.3). Das Tagesgeldkonto – Ihr „Transaktions-Tagesgeldkonto" – dient als Verrechnungskonto[6] für Ihr Depot und hat als Referenzkonto[7] Ihr Gehaltskonto.

Ihr Transaktions-Tagesgeldkonto
Durch ein im Alltagskreislauf etabliertes Erstrang-Sparverhalten wird jeden Monat direkt nach Gehaltseingang ein fester Betrag per Dauerauftrag von Ihrem Girokonto auf Ihr Transaktions-Tagesgeldkonto überwiesen.

Ihr Transaktions-Tagesgeldkonto bildet somit das Verbindungsglied zwischen Ihrem Alltags- und Ihrem Vermögenskreislauf. Es findet folglich eine kontinuierliche Verschiebung finanzieller Mittel vom Alltagskreislauf in den Vermögenskreislauf statt. Dieser Geldfluss hat solange den Charakter einer Einbahnstraße bis Sie finanzielle Selbstbestimmung erreicht haben.

Die Gelder auf Ihrem Transaktions-Tagesgeldkonto stehen ausschließlich für den Erwerb von Vermögenswerten zur

---

[5]Ein Depot ist vereinfach ausgedrückt eine Art von Konto für börsengehandelte Wertpapiere (Aktien, Anleihen etc.). In Ihrem persönlichen Depot sind somit alle Wertpapiere enthalten, die Sie besitzen. Diese Wertpapiere werden digital verwahrt. Sie sehen, wenn Sie sich in Ihr Depot online einloggen, den aktuellen Börsenwert Ihrer Anlagen. Ein Depot ist Grundvoraussetzung, um börsengehandelte Wertpapiere zu erwerben.

[6]Ihr Transaktions-Tagesgeldkonto als Verrechnungskonto dient als Schnittstelle zu Ihrem Depot. Von diesem Konto werden die Gelder für Käufe von Wertpapieren abgebucht und Verkaufserlöse aus Wertpapierverkäufen gutgeschrieben. Darüber hinaus werden Ausschüttungen von Wertpapieren aus Ihrem Depot dort gutgeschrieben.

[7]Ein Referenzkonto dient als Auszahlungskonto für ein Konto, von dem selbst kein allgemeiner Zahlungsverkehr getätigt werden kann. Im obigen Fall können die Gelder des „Transaktions-Tagesgeldkontos" von diesem nur auf das Giro-Konto überwiesen werden. Vom Giro-Konto dann wiederum auf jedes andere beliebige Konto.

4.2 Der Vermögenskreislauf

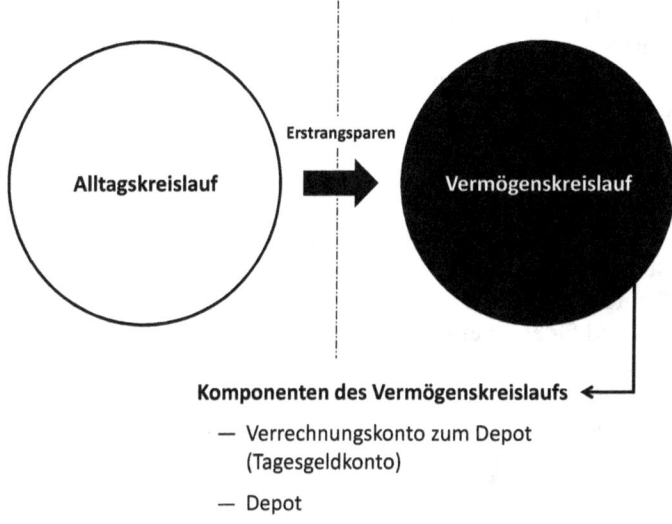

Abb. 4.3 Der Vermögenskreislauf und seine Unterkonten

Verfügung. Entweder erwerben Sie mit diesen Geldern Vermögenswerte kontinuierlich mittels Sparplan oder Sie warten, bis Sie einen größeren Geldbetrag von einigen Tausend Euro zusammen haben und investieren diesen als Einmalinvestment. Ich würde Ihnen die Variante des kontinuierlichen Investierens mittels Sparplan empfehlen. Welche Vorteile solch ein kontinuierliches Investieren hat, wird in Abschn. 5.3 behandelt.

Ihr Depot
Bei der Wahl Ihres Depots sollten Sie vor allem auf die Gebühren achten. Denn der einfachste und absolut risikofreie Weg, um Ihre Rendite zu steigern, ist: Die Reduktion von Gebühren. Je weniger Sie an Gebühren zahlen, desto mehr Gewinn bleibt für Sie am Ende übrig. Machen Sie nicht die Banken reich, sondern sich selbst!

Ihr Depot sollte daher grundsätzlich kostenfrei sein. Solche kostenfreien Depots werden meist von Online-Banken, sogenannten Direktbanken, angeboten. Bei der Auswahl Ihrer

Direktbank sollten Sie sich ergänzend das Angebot an Sparplänen ansehen und eine Direktbank auswählen, die Sparpläne für ETFs anbietet (Hinweis: ETFs benötigen Sie für die in Abschn. 5.3 vorgestellte Investitionsstrategie). Für die Ausführung von ETF-Sparplänen sollten nur sehr geringe bzw. im Idealfall keine Gebühren anfallen. Die Gebührenstruktur im Allgemeinen sollte leicht verständlich und transparent sein. Grundsätzlich ist davon auszugehen, dass Banken, die Beratung anbieten, höhere Gebühren haben als solche, die keine Beratungsleistungen offerieren. Beratungsleistungen von Banken sind für einen effizienten Vermögensaufbau nicht notwendig. Teilweise kosten von Banken empfohlene Finanzprodukten, wie aktiv gemanagte Fonds, den Anleger im Vergleich zu anderen einfachen Anlageprodukten sogar Rendite. Sparen Sie sich daher lieber Ihr Geld und gehen Sie zu einer Online-Bank mit günstigen Konditionen.

Flexibilität beim Investieren behalten
Für Ihren Vermögensaufbau sollten Sie keine verpflichtenden Verträge eingehen. Alle Verträge – wie beispielsweise Lebensversicherungen –, die verpflichtende regelmäßige Zahlungen beinhalten, schränken Ihre Anlageflexibilität stark ein. Verpflichtende Zahlungen können bei wegbrechenden Einnahmen (langfristige Arbeitslosigkeit etc.) sogar zur Kostenfalle werden. Die Kündigung solcher Verträge vor Laufzeitende führt meistens zu sehr geringen Erstattungsbeträgen. Sie würden bei Kündigung somit effektiv Geld verlieren. Auch das Ruhenlassen von verpflichtenden Sparverträgen ist oft leider nicht vorteilhaft. Somit sollten Sie Ihr Geld nur so investieren, dass Sie Ihr monatliches Investitionsvolumen frei wählen können.

Das Aussetzen von Investitionsraten sollte problemlos möglich sein, ohne dass bereits investierte Gelder davon beeinflusst werden.

4.2 Der Vermögenskreislauf

Umgang mit Erträgen
Sobald Sie anfangen, in Vermögenswerte zu investieren, werden diese früher oder später Erträge abwerfen. Diese Erträge sollten in Ihrem Vermögenskreislauf verbleiben und reinvestiert werden. Nur so nutzen Sie den Zinseszinseffekt optimal aus. Würden Sie Erträge aus Ihrem Vermögenskreislauf entnehmen, so würden Sie den Zinseszinseffekt zerstören und Ihren Vermögensaufbau extrem verlangsamen. Erträge innerhalb Ihres Vermögenskreislaufs unterliegen somit nicht dem 50 %-Spar-Turboansatz aus Abschn. 3.3. Sie stellen einen 100 %-Spar-Turbo dar.

Wenn Sie Ihre finanzielle Selbstbestimmung erreicht haben und ab sofort von Ihrem Vermögen (teilweise) leben, erst dann sollten Sie damit beginnen, Gelder aus Ihrem Vermögenskreislauf zu entnehmen. Im Idealfall sollten Sie jedoch nie aufgebautes Vermögen veräußern, um von den Verkaufserlösen zu leben. Tun Sie dies und verkaufen Teile Ihres Vermögens für Konsum, so werden Sie sukzessive wieder ärmer. Sie würden Ihre finanzielle Selbstbestimmung nach dem Erreichen eigenhändig wieder zerstören.

Haben Sie erst relativ spät mit dem Konzept in diesem Buch angefangen und treten nun in Ihr Rentenalter ein, so müssen Sie selbst abschätzen, inwieweit es sinnvoll ist, weiter zu sparen oder vielleicht doch Ihr Vermögen kontinuierlich zu konsumieren. Falls Sie sich für den kontinuierlichen Vermögenskonsum entscheiden, dann sollten Sie den Zeitraum nicht zu kurz wählen. Die Lebenserwartung in Deutschland steigt nämlich kontinuierlich an.

Kurz zusammengefasst bedeutet dies: Aufgebautes Vermögen verbleibt stets in Ihrem Vermögenskreislauf. Es werden erst nach Erreichen Ihrer finanziellen Selbstbestimmung nur Erträge entnommen. Zuvor jedoch nicht. Das angesparte Vermögen wird nie angetastet.

Kapitel 4.2 in Kürze
Ideen, die Ihr Leben verändern ...

- Ihr Vermögenskreislauf sollte einfach organisiert sein und aus einem „Transaktions-Tagesgeldkonto" und einem „Depot" bestehen.
- Ihr Transaktions-Tagesgeldkonto ist das Verbindungsglied zwischen Ihrem Alltags- und Vermögenskreislauf.
- Durch Erstrang-Sparverhalten gelangt jeden Monat Geld auf das Transaktions-Tagesgeldkonto, das dann von dort aus investiert wird.
- Ihr Depot sollte grundsätzlich kostenfrei sein und die Möglichkeit bieten, günstig in ETFs zu investieren.
- Behalten Sie immer Ihre Flexibilität beim Investieren und schließen Sie keine Pflichtsparverträge ab.
- Erträge sollten in Ihrem Vermögenskreislauf verbleiben und reinvestiert werden.
- Entnehmen Sie erst Erträge aus Ihrem Vermögenskreislauf, wenn Sie Ihre finanzielle Selbstbestimmung erreicht haben.
- Tasten Sie Ihr Vermögen nie an!

Gehen Sie in die Aktion!

- Legen Sie sich alle Konten Ihres Vermögenskreislaufs an.
- Beginnen Sie sofort nach dem Aufbau Ihrer finanziellen Absicherung durch Erstrang-Sparverhalten mit dem Aufbau Ihrer finanziellen Selbstbestimmung.
- Entnehmen Sie kein Geld aus Ihrem Vermögenskreislauf, bis Sie Ihre finanzielle Selbstbestimmung erreicht haben.

Literatur

Thaler, Richard. 1999. Mental accounting matters. *Journal of Behavioral Decision Making* 12 (3): 193 ff.

Ihr Weg zur finanziellen Selbstbestimmung

5

▶ In diesem Kapitel geht es darum, wie Sie finanzielle Selbstbestimmung erreichen können. Der beschriebene Weg ist in zwei Phasen unterteilt: 1) Der Aufbau Ihres finanziellen Schutzes und 2) Der Aufbau Ihres Vermögens. Den Schwerpunkt des Kapitels bildet die zweite Phase. Um diese erfolgreich meistern zu können, erfahren Sie, wie Sie typische Anlagefehler vermeiden können und was für wissenschaftliche Erkenntnisse Sie unbedingt bei Ihren Investitionsentscheidungen beachten sollten. Ergänzend wird die Global-Trend-ETF-Strategie erläutert. Es wird Ihnen eine konkrete Möglichkeit aufgezeigt, wie ein strukturierter Vermögensaufbau inklusive „Vermögensbooster" erfolgen kann.

Finanzielle Selbstbestimmung erreichen Sie nur, wenn Sie ein klares Ziel vor Augen haben (Abschn. 2.1). Sie müssen für sich selbst wissen, was für Sie finanzielle Selbstbestimmung ist. Um genauer zu sein: welchen Betrag Sie als Einkünfte aus Ihrem Vermögen anstreben. Möchten Sie nie wieder arbeiten gehen müssen oder einfach ein sicheres Zubrot haben bzw. Ihre Rente absichern?

Der Startpunkt auf Ihrem Weg hin zur finanziellen Selbstbestimmung ist somit die Formulierung Ihrer finanziellen Vision (Abschn. 2.1). Ohne solch ein emotional aufgeladenes großes

Ziel wird es meist schwer. Kleine Widrigkeiten auf Ihrem Weg können Sie aus der Bahn werfen, da es Ihnen an einem großen Ziel mangelt, das auch in schwierigen Situationen Strahlkraft hat und Sie motiviert, weiterzumachen. Also beschäftigen Sie sich bitte zunächst damit, wie Ihre finanzielle Vision aussieht, bevor Sie loslaufen, um sie zu erreichen.

Wenn Sie sich darüber im Klaren sind, was Sie genau erreichen wollen – wie Ihr großes Ziel aussieht –, dann benötigen Sie einen Plan, um dieses Ziel auch zu erreichen. Die Ausgestaltung Ihres Plans hin zur finanziellen Selbstbestimmung zeigt Ihnen einen Weg auf und bricht Ihr großes Ziel in überschaubare Teilschritte herunter. Die Idee ist nicht, dass Sie von jetzt auf gleich alles ändern müssen oder alles auf eine Karte setzen, um schnell Ihr Ziel zu erreichen. Es geht vielmehr darum, zielgerichtet Schritt für Schritt Ihre Vision zu erreichen.

Finanzielle Selbstbestimmung ist erst der zweite Schritt
Der Weg von Ihrem ersten gesparten Euro hin zur finanziellen Selbstbestimmung lässt sich in zwei Phasen einteilen:

- der Aufbau Ihres finanziellen Schutzes und
- der Aufbau Ihres Vermögens.

Falls Sie verschuldet sind, machen Sie bitte auf dem Weg zu Ihrer finanziellen Selbstbestimmung keinen Umweg. Verschieben Sie nicht den Aufbau von Vermögen in die Zukunft, um erst Ihre Schulden komplett zu tilgen. Beginnen Sie vielmehr durch eine Reduktion Ihrer Schuldentilgung auf die Mindestrate sofort damit, durch das so freigesetzte monatliche Kapital Vermögen aufzubauen (Abschn. 3.4). Denn Reichtum und Wohlstand beginnen damit, dass Sie über Geld verfügen, das Sie im Moment nicht benötigen. Dies ist unabhängig davon, ob Sie verschuldet sind oder nicht.

Geben Sie sich Zeit und sichern Sie sich zuerst ab
Es ist wichtig, dass Sie zunächst Ihren finanziellen Schutz erreichen. In Ihrem Leben können und werden viele unerwartete Ereignisse eintreten. Sie stehen möglicherweise plötzlich vor

wegbrechenden Einkünften oder brauchen Geld, um unerwartete Rechnungen schnell begleichen zu können. Dies alles ist kein Problem, wenn Sie Rücklagen gebildet haben und vorbereitet sind. Haben Sie jedoch all Ihr erspartes Geld direkt investiert, kann es sein, dass Sie Ihre Vermögenswerte in einer Phase niedriger Kurse – die gibt es immer wieder – verkaufen müssen. Sie würden Geld verlieren.

Investieren Sie jedoch erst nach Aufbau Ihrer finanziellen Sicherheit und nur Geld, das Sie langfristig nicht für andere Zwecke als zur Vermögensmehrung benötigen, dann können auch vorübergehende Schwächephasen Ihrer Investitionen Sie nicht schrecken. Denn Sie müssen nicht verkaufen. Ja, Sie können diese Phasen sogar nutzen, um günstig nachzukaufen. Daher geben Sie sich die Zeit und bauen zuerst Ihren finanziellen Schutz auf, um dann im zweiten Schritt gezielt – durch den kontinuierlichen Erwerb von Vermögenswerten – Vermögen aufzubauen.

Jeder kann es schaffen!
Ich möchte Ihnen nichts vormachen und nicht wie andere Autoren predigen, es sei ganz einfach, finanzielle Selbstbestimmung zu erreichen. Dies ist leider nicht der Fall. Trotzdem hat jeder Mensch das Potenzial in sich, finanziell frei und selbstbestimmt zu leben.

Allerdings reichen eine persönliche finanzielle Vision sowie eine positive Einstellung zu Geld gepaart mit Durchhaltewillen, Disziplin und Fokussiertheit nicht aus, um Ihre finanzielle Selbstbestimmung zu erreichen. Dies alles ist Grundvoraussetzung und Basis, aber Sie benötigen noch mehr: Sie müssen zusätzlich genügend Kapital zur Verfügung haben, um Investitionen in Vermögenswerte zu tätigen. Hier ist der Anteil Ihres Einkommens entscheidend, den Sie investieren können. Es reichen keine hundert oder zweihundert Euro im Monat aus, um in einem absehbaren Zeitraum ein Vermögen aufzubauen, von dem Sie leben können. Mit solchen Beträgen werden Sie problemlos ein Vermögen aufbauen und Erträge erzielen, mit denen Sie sich zwei, drei Urlaube pro Jahr und sonstige Annehmlichkeiten leisten können. Wenn Ihnen dies genügt, dann brauchen Sie den nächsten Abschnitt nicht zu lesen. Falls Sie jedoch ein Vermögensniveau erreichen wollen, von dem Sie selbstbestimmt und ohne zusätzliche Einkünfte leben können, dann müssen Sie sehr wahrscheinlich zusätzliches Einkommen generieren.

Zusätzliches Einkommen generieren
Die gute Nachricht ist: Sie haben zwei Möglichkeiten, um Ihren monatlich verfügbaren Einkommensanteil für Investitionen zu erhöhen. Allerdings sind beide Möglichkeiten mit Kraftanstrengungen verbunden. Hier gilt: *Ohne Fleiß kein Preis.*

Die erste Möglichkeit: Sie können sich stark einschränken und sich das Geld sprichwörtlich vom Munde absparen. Dies empfehle ich Ihnen jedoch nicht! Zum einen leben wir alle nur einmal und sollten dies auch genießen. Zum anderen halten erfahrungsgemäß nur die wenigsten Menschen solche Entbehrungen auf Dauer durch. Sparen und Investieren soll Freude machen und nicht zur Last werden. Wenn Sie jedoch immer im Supermarkt vor dem Regal stehen und denken: „Ne, den Wein oder die Schokolade kann ich mir nicht leisten", dann werden Sie über kurz oder lang sehr wahrscheinlich Ihre Sparrate heruntersetzen, um wieder mehr konsumieren zu können. Daher wählen Sie bitte die zweite Alternative und bauen sich eine zusätzliche Einkommensquelle auf.

Um zusätzliches – idealerweise passives – Einkommen zu generieren, haben Sie mehrere Möglichkeiten (siehe auch Abschn. 2.4). Sie können auf eine Gehaltserhöhung hinarbeiten. Sie können sich weiterbilden und einen besser bezahlten Job annehmen oder Sie können nebenberuflich zum Unternehmer werden, indem Sie Ihr eigenes kleines Start-up gründen.

Ehrlich gesagt: Ich empfehle Ihnen den Start-up-Weg, denn nur so bauen Sie ein zweites, komplett unabhängiges Standbein neben Ihrem aktuellen Job auf. Außerdem bauen Sie auf diese Weise eine Einkommensquelle auf, die später zu passivem Einkommen werden kann.

Die erfolgreiche Start-up-Gründung ist gar nicht so schwer und es gibt hervorragende Ansätze, um nebenberuflich in wenigen Stunden pro Woche zum erfolgreichen Unternehmer zu werden. Allerdings trauen sich die meisten Menschen einfach nicht. Sie denken, sie müssten das neue Google erschaffen und erst mal ganz viel Geld in die Gründung investieren. Dem ist nicht so, denn Sie wollen lediglich etwas Geld im Monat dazuverdienen. Außerdem sind viele internetbasierte Geschäftsmodelle ohne große Investitionen sehr gut skalierbar und bieten somit das Potenzial, leicht und relativ automatisiert viel Geld zu verdienen. Wenn Sie sich hierfür interessieren und den Start-up-Weg einschlagen wollen, dann lesen Sie doch als Einstieg beispielsweise folgende zwei Bücher: *Das 4-Stunden-Startup* von Felix Plötz (2016) und *Die 4-Stunden-Woche* von Timothy Ferriss (2016). Sie werden sehen, was alles möglich ist.

Alle Möglichkeiten, mehr Geld zu verdienen bzw. passives Einkommen aufzubauen, sind mit persönlicher Investition (Zeit und Aufwand) verbunden. Wählen Sie daher bitte etwas, was Sie begeistert und Ihnen Spaß macht. Wenn Sie Ihren aktuellen Job nicht mögen und ungern zur Arbeit gehen, dann verbringen Sie nicht noch mehr Zeit an Ihrem Arbeitsplatz, um eine Beförderung zu bekommen. Suchen Sie sich besser einen neuen, höher bezahlten Job, der Ihnen Spaß macht. Schaffen Sie dafür die Grundvoraussetzungen, indem Sie sich auf Gebieten weiterbilden, die Sie interessieren. Wenn Sie schon immer davon fasziniert waren, selbstständig zu sein, dann gründen Sie Ihr eigenes Start-up. Falls Sie vor einer Selbstständigkeit Angst haben, lassen Sie es bitte sein. Wichtig ist, dass – egal wofür Sie sich entscheiden – Ihr Engagement (Gründung, Weiterbildung etc.) sich mittelfristig, also innerhalb von maximal drei Jahren, monetär auszahlt. Ansonsten würde Ihr persönliches Projekt zur Liebhaberei und kostet Sie nur Geld.

Über wie viel Geld reden wir hier eigentlich? Sollen Sie nun tausende von Euro im Monat investieren, um finanzielle Selbstbestimmung zu erreichen? Fakt ist: Als durchschnittlich verdienende/r Angestellte/r müssen Sie Ihr Netto-Einkommen nicht einmal verdoppeln oder dergleichen. Sie müssen lediglich zusätzlich einige hundert Euro monatlich zu dem investieren, was Sie ohnehin von Ihrem Gehalt investieren können.

Wenn Sie beispielsweise 1750 EUR an monatlichen Erträgen nach Steuern aus Ihrem Vermögen haben möchten und 1000 EUR pro Monat investieren können und hierbei im Schnitt 6 % pro Jahr nach Steuern erwirtschaften (eine sehr realistische Annahme), werden Sie etwas über 21 Jahre brauchen, um Ihr Ziel – in diesem Fall ca. 470.000 EUR – zu erreichen. Bei 750 EUR pro Monat bräuchten Sie ca. 25 Jahre und bei 500 EUR pro Monat ca. 31 Jahre. Dies sind alles überschaubare Zeiträume und erreichbare Beträge.

Wie Sie ausrechnen, welches Vermögen und somit auch welche Investitionsrate Sie persönlich genau zum Erreichen Ihrer finanziellen Selbstbestimmung benötigen, erfahren Sie in Abschn. 5.2.

Mehr Wissen führt zu mehr Einkommen
Ihnen sollte stets bewusst sein, dass Ihr Einkommen nur in dem Maße wachsen wird, wie Sie persönlich – Ihre Erfahrungen und Ihr Wissen – wachsen (siehe auch Abschn. 1.1). Dies bedeutet, Sie sollten sich stets weiterentwickeln und kontinuierlich lernen. Investieren Sie in Ihre persönliche Entwicklung.

Das am besten investierte Geld ist immer noch das Geld, das Sie in Ihre persönliche Entwicklung investieren. Dieses Wissen und Können kann Ihnen niemand mehr nehmen und Sie können es immer wieder anwenden, um so Ihr (passives) Einkommen zu steigern.

Wichtig hierbei ist, dass Sie sich in Bereichen weiterbilden, die Ihr Leben und Ihre finanzielle Situation beeinflussen. Es wird Ihnen finanziell wenig nützen, wenn Sie sich beispielsweise als Hobby mit Archäologie beschäftigen und sich auf diesem Gebiet weiterbilden, aber nie Geld hierdurch verdienen werden. Dies soll nicht heißen, dass Sie sich nicht auch in den Bereichen, die Sie als Hobby haben, weiterbilden sollen. Tun Sie dies, aber bilden Sie sich auch stets im finanziellen Bereich bzw. im Bereich der allgemeinen Lebensführung weiter. Oder überlegen Sie doch einmal, ob Sie Ihr Hobby nicht auch in irgendeiner Weise dazu nutzen können, passives Einkommen zu generieren (siehe hierzu auch Abschn. 2.4).

Kapitel 5 in Kürze
Ideen, die Ihr Leben verändern …

- Startpunkt auf Ihrem Weg hin zur finanziellen Selbstbestimmung ist die Formulierung Ihrer finanziellen Vision.
- Nur mit einem klaren Ziel vor Augen werden Sie finanzielle Selbstbestimmung erreichen.
- Sie brauchen einen Plan, um Ihr Ziel zu erreichen.
- Ihr Plan sollte Ihr großes Ziel in überschaubare Teilschritte herunterbrechen.
- Der Weg hin zur Ihrer finanziellen Selbstbestimmung lässt sich in zwei Phasen einteilen:
  1. Aufbau Ihres finanziellen Schutzes und
  2. Aufbau Ihres Vermögens.
- Es ist wichtig, dass Sie zunächst Ihren finanziellen Schutz erreichen; nur so sind Sie gegen finanzielle Widrigkeiten des Lebens abgesichert.
- Erhöhen Sie den Anteil Ihres investierbaren Einkommens.
- Ihr Einkommen wird nur so stark wachsen, wie Sie selbst wachsen.
- Das am besten investierte Geld ist immer noch das Geld, das Sie in Ihre persönliche Entwicklung investieren.

Gehen Sie in die Aktion!

- Werden Sie sich Ihrer finanziellen Vision bewusst und formulieren Sie einen Plan, um diese zu erreichen.
- Bauen Sie sich eine zusätzliche – idealerweise passive – Einkommensquelle auf. Wählen Sie etwas, was Ihnen Spaß macht.
- Investieren Sie kontinuierlich in Ihre Weiterentwicklung.

5.1 Erste Phase: Der Aufbau Ihres finanziellen Schutzes

Bevor Sie mit dem Kauf von Vermögenswerten und somit mit der Investition in Ihre finanzielle Selbstbestimmung beginnen, müssen Sie sich zunächst finanziell absichern. Finanziell abgesichert zu sein bedeutet nicht, dass Sie nicht mehr arbeiten müssen. Es bedeutet vielmehr, dass Sie gegen kleine und große finanzielle Rückschläge abgesichert sind und dass plötzlich auftretende Kosten oder vorübergehend wegbrechende Einnahmen Sie nicht finanziell aus der Bahn werfen. Sie sind finanziell abgesichert, wenn Sie bei vorübergehenden unerwarteten finanziellen Schwierigkeiten Ihren Lebensstandard nicht reduzieren müssen.

Der Aufbau solch eines finanziellen Schutzes ist der erste Teilabschnitt auf dem Weg hin zu Ihrer finanziellen Selbstbestimmung. Er ist kurz- bis mittelfristig orientiert, um vorübergehende finanzielle Engpässe abzufedern. Eine langfristige Absicherung haben Sie erst dann, wenn Sie Ihre finanzielle Selbstbestimmung erreicht haben und von Ihrem Vermögen durch passives Einkommen bequem leben können. Nur dann sind Sie nicht mehr von Ihrem Arbeitseinkommen abhängig und können Ihr Leben vollkommen frei gestalten.

Ihr finanzieller Schutz sollte aus mehreren finanziellen Puffern zur Absicherung unterschiedlicher finanzieller Probleme bestehen. Die vorgehaltenen Gelder sind Ihrem Alltagskreislauf zuzuordnen (Abschn. 4.1). Sie dienen nicht dem Vermögensaufbau, sondern lediglich der Absicherung Ihres aktuellen Lebensstandards.

Finanzieller Schutz und investieren – Passt das?
Beim Aufbau Ihres finanziellen Schutzes geht es nicht um Investition in Vermögenswerte und Gewinnerzielung, sondern nur ums Sparen. Die benötigten finanziellen Puffer sollten Sie ausschließlich durch Erstrang-Sparverhalten (Abschn. 3.2) zielgerichtet aufbauen.

Das Geld zu Ihrer Absicherung muss täglich verfügbar sein und kann daher nicht in Vermögenswerte investiert werden, die

5.1 Erste Phase: Der Aufbau Ihres finanziellen Schutzes

Wertschwankungen unterliegen. Die Gelder zu Ihrer finanziellen Absicherung sollten Sie getrennt von Ihrem restlichen Vermögen aufbewahren. Um dennoch einen Zinsertrag zu generieren, sollten Sie die Gelder auf Tagesgeldkonten vorhalten.

Einige Leser werden nun denken: Da verdiene ich ja bei der aktuellen Niedrigzinsphase fast kein Geld. Es ist richtig, die Rendite wird aktuell nicht üppig sein. Ziel Ihres finanziellen Schutzes ist es aber auch nicht, Rendite zu erwirtschaften, sondern Sie abzusichern.

Um zu bewerten, ob eine Rendite angemessen ist oder nicht, müssen Sie immer das Ziel vor Augen haben. Pauschale Aussagen sind hier nicht möglich. Wenn es um Ihren finanziellen Schutz geht, ist ein sicherer geringer Zinsertrag auf einem Tagesgeldkonto tausend Mal besser als eine unsichere mit Risiko behaftete höhere Rendite. Die Gelder für Ihre finanzielle Absicherung müssen täglich verfügbar sein und dürfen keinen Wertschwankungen unterliegen. Unter diesen Bedingungen ist ein Tagesgeldkonto optimal.

Komponenten Ihres finanziellen Schutzes
Die wesentlichen Komponenten zur Schaffung Ihres finanziellen Schutzes wurden bereits in Abschn. 4.1 im Kontext des Alltagskreislaufs vorgestellt. Daher werden diese hier nur noch einmal kurz zusammenfassend dargestellt und entsprechende Verweise gegeben. Ergänzende (optionale) Komponenten zur Erweiterung Ihres finanziellen Schutzes werden im Anschluss in einem separaten Abschnitt ausführlich beleuchtet.

Zu Ihrem finanziellen Schutz sollte eine Absicherung gegen unvorhersehbare Sonderausgaben, wie beispielsweise das Ersetzen einer kaputten Waschmaschine, als Basis gehören (Abschn. 4.1: „Das Alltagspuffer-Tagesgeldkonto"). Ergänzend benötigen Sie eine Absicherung für einkommensschwache Zeiten. Diese Absicherung sollte es Ihnen ermöglichen, ein Jahr – wahlweise ein halbes Jahr – ohne Ihr jetziges Einkommen mit Ihrem bisherigen Lebensstandard leben zu können (Abschn. 4.1: „Das Sicherheits-Tagesgeldkonto"). Durch das frühzeitige Ansparen von Geldern zur Begleichung von im Jahresverlauf fälligen (einmaligen bzw. wiederkehrenden) Zahlungsverpflichtungen vermeiden Sie finanzielle Engpässe durch vertraglich verpflichtende Zahlungen (Abschn. 4.1: „Das Einmalzahlungs-Tagesgeldkonto"). Durch diese drei Komponenten sind Sie finanziell gut abgesichert. Ergänzend können Sie, je nach persönlichem Sicherheitsbedürfnis, zusätzlich eine Absicherung für Extremsituationen – einen Extremfallpuffer – aufbauen.

Das Konzept des Extremfallpuffers
Viele Menschen haben Angst vor großen Finanzkrisen, Geldentwertung durch Hyperinflation oder Währungsreformen sowie Kriegen. Falls auch Sie davor Angst haben und sich gegen solche Extreme absichern möchten, dann sollten Sie zusätzlich zu Ihrem finanziellen Schutz einen Extremfallpuffer mit absolut krisenfesten Anlagen aufbauen. Haben Sie solch einen Extremfallpuffer aufgebaut, dann kann Ihnen finanziell gesehen so schnell nichts mehr passieren. Selbst wenn unser heutiges Papiergeldsystem zusammenbrechen würde, wären Sie erst einmal abgesichert.

Die Anlagen, die für den Aufbau eines solchen Extremfallpuffers infrage kommen, müssen losgelöst von unserem Papiergeldsystem und in Krisenfällen werthaltig sein. Bargeld oder Bankguthaben kommen daher nicht infrage. Schmuck hat meist das Problem des fehlenden „objektiven" Marktwertes; es ist fraglich, was ein Schmuckstück bei einem Verkauf wirklich erbringt. Das Gleiche gilt für Kunstobjekte. Schmuck und Kunst sind daher in den meisten Fällen ungeeignet und sollten nicht zur Absicherung erworben werden. Beide zählen zu den Spekulations- oder Liebhaberobjekten. Es bleiben somit im Endeffekt nur Edelmetalle.

Ihr Extremfallpuffer sollte daher aus einem Mix aus verschiedenen Edelmetallen bestehen. Ich schlage Ihnen vor: Kaufen Sie Gold und Silber.[1] Bei der Aufteilung sollten Sie beachten,

---

[1]Für den Erwerb von Gold- und Silbermünzen schlage ich Ihnen einen der folgenden renommierten Gold- und Silberhändler vor: „Degussa" oder „pro aurum".

dass der Besitz von Gold für Privatpersonen in Krisensituationen schon mehrmals verboten wurde – ja, es kam in der Geschichte sogar zur Goldenteignung. Bei Silber ist dies bis jetzt hingegen noch nie passiert.

Wenn Sie Gold und Silber kaufen, gehen Sie bitte wie folgt vor: Sparen Sie zunächst den Betrag an, den Sie investieren möchten. Kaufen Sie dann bitte nicht einen großen Barren, sondern kleine Stückelungen; am besten in Form von Münzen zu je einer Unze (31,1 g). Diese sind zwar gegenüber Barren etwas teurer, bringen Ihnen aber den Vorteil, dass sie in Extremfällen leichter veräußerbar bzw. gegen Waren eintauschbar sind.

Als weitere Alternative können Sie darüber nachdenken, Diamanten zu erwerben. Achten Sie gerade beim Diamantenkauf bitte immer darauf, dass Sie ein Echtheitszertifikat von einem professionellen und unabhängigen Institut[2] erhalten.

Zur Aufbewahrung Ihres Extremfallpuffers kommt nur ein Tresor infrage. Entweder Sie mieten sich bei einer Bank ein versichertes Bankschließfach oder Sie erwerben einen Tresor für Ihre eigenen vier Wände. Entscheiden Sie sich für den Kauf eines eigenen Tresors, dann klären Sie bitte mit Ihrer Hausratversicherung ab, ob der Inhalt versichert ist. In beiden Fällen sollte die Höhe der Versicherungssumme den aufbewahrten Werten entsprechen.

Eine weitere – aktuell teilweise im Trend liegende – Möglichkeit, sich vor Extremen abzusichern, ist das Bunkern von sehr lange haltbaren Lebensmitteln (z. B. Astronautennahrung). Alternativ könnten Sie auch darüber nachdenken, ein abgelegenes Grundstück zu erwerben, um dort, wenn es nötig werden sollte, Landwirtschaft zu betreiben. Im Endeffekt geht es nämlich im Kriegsfall etc. nur ums Überleben und somit um Nahrung.

Für den Aufbau Ihres Extremfallpuffers gibt es kein Patentrezept, denn niemand weiß, wie die nächste große Krise aussieht – geschweige denn, wann sie kommen wird. Daher entscheiden Sie

---

[2]Zu den renommiertesten Instituten gehören das „Gemological Institute of America (GIA)", das „Diamant Prüflabor" aus Idar-Oberstein und der belgische „Hoge Raad voor Diamant (HRD)".

bitte selbst, ob und wenn ja wie Sie sich gegen Extreme absichern möchten. Allerdings sollten Sie Ihren Extremfallpuffer erst nach allen anderen Finanzpuffern aufbauen, um frühzeitig gegen wahrscheinlichere Probleme – wie eine kaputte Waschmaschine – abgesichert zu sein.

Falls Sie Familie, insbesondere Kinder, haben, sollten Sie sich auf jeden Fall auch darüber Gedanken machen, wie Sie die Hinterbliebenen im Todesfall eines Familienmitglieds absichern möchten.

Zusätzlicher finanzieller Schutz im Todesfall für Ihre Familie
Die finanzielle Absicherung der Folgen eines Todesfalls von Familienmitgliedern, die wesentlich zum Familieneinkommen beitragen, ist essenziell. Bricht von jetzt auf gleich ein wesentlicher Einkommensbestandteil weg, kann dies kurzfristig durch den Sicherheitspuffer der Familie abgefedert werden. Langfristig fehlt nach dem Tod eines erwerbstätigen Familienmitglieds allerdings eine komplette Einkommensquelle. Dies kann zu großen finanziellen Problemen führen. Aus diesem Grund empfehle ich Ihnen, für die Familienmitglieder, die wesentlich zum Familieneinkommen beitragen, eine Risikolebensversicherung abzuschließen.

Eine Risikolebensversicherung leistet im Todesfall der versicherten Person einen zuvor festgelegten Betrag an die Begünstigten. Die begünstigten Hinterbliebenen lassen sich so unkompliziert finanziell absichern. Tritt der Versicherungsfall während der Vertragslaufzeit nicht ein – sprich, die versicherte Person verstirbt nicht, was wir hoffen wollen – dann zahlt die Versicherung auch kein Geld aus. Die Beiträge der klassischen Risikolebensversicherung dienen somit nur zur reinen Risikoabsicherung und umfassen keine Sparkomponente. Die Beiträge sind in ihrer Höhe meist überschaubar und können sogar steuerlich abgesetzt werden. Allerdings gibt es auch die Möglichkeit, dass zusätzlich ein Teil der Versicherungsbeiträge angespart wird. Lassen Sie bitte die Finger von solch einem Zusatz. Sie sollten grundsätzlich finanzielle Absicherung nicht mit Vermögensaufbau vermischen. Hinzu kommt, dass die angebotenen

Produkte mit einem Zusatz dieser Art meist äußerst schlechte Konditionen haben.

Die Höhe des abzuschließenden Betrags muss sich an der jeweiligen Lebenssituation Ihrer Familie orientieren. Lassen Sie sich hierzu bitte umfassend beraten. Als Richtgröße empfiehlt die Stiftung Warentest, dass die Versicherungssumme einer Risikolebensversicherung in etwa das Drei- bis Fünffache des Bruttojahreseinkommens der versicherten Person betragen sollte.

Sparabfolge
Beim Aufbau Ihres finanziellen Schutzes sollten Sie die einzelnen Komponenten wie folgt nacheinander aufbauen: Als Erstes bauen Sie bitte Ihren Alltagspuffer als oberstes Sparziel auf, und zwar so schnell wie möglich (Abschn. 4.1). Danach haben Sie erst einmal Ihre Grundsicherung erreicht und werden nicht bei jeder größeren unerwarteten Rechnung aus der Bahn geworfen. Als zweites Sparziel verfolgen Sie bitte den Aufbau Ihres Finanzpuffers. Dieser gibt Ihnen längerfristigen finanziellen Schutz, auch in einkommensschwachen Situationen (Abschn. 4.1). Optional können Sie danach als drittes Sparziel den Aufbau eines Extremfallpuffers angehen. Ob Sie diesen benötigen, hängt von Ihrem persönlichen Sicherheitsbedürfnis ab.

Neben dieser Sparabfolge sollten Sie sich grundsätzlich, und zwar ab sofort, mit der finanziellen Absicherung von Todesfällen in der Familie auseinandersetzen (siehe hierzu vorherigen Teilabschnitt). Ergänzend sollten Sie sofort damit beginnen, regelmäßig Geld für wiederkehrende hohe Zahlungsverpflichtungen anzusparen, und so Ihren Einmalzahlungspuffer etablieren (Abschn. 4.1).

Um jedoch umfassend und für immer finanziell abgesichert zu sein, müssen Sie Ihre finanzielle Selbstbestimmung durch passives Einkommen erreichen. Erst dann müssen Sie nie wieder arbeiten, um Ihr Leben, so wie Sie es wollen, finanzieren zu können. Wie Sie dies erreichen können, behandelt das nächste Kapitel. Lassen Sie uns daher nun gemeinsam Ihre finanzielle Selbstbestimmung angehen.

Kapitel 5.1 in Kürze
Ideen, die Ihr Leben verändern …

- Sichern Sie sich immer zuerst finanziell ab!
- Ihr finanzieller Schutz sollte aus mehreren finanziellen Puffern zur Absicherung unterschiedlicher finanzieller Probleme bestehen.
- Das Geld zu Ihrer Absicherung muss täglich verfügbar sein und kann daher nicht in Vermögenswerte, die Wertschwankungen unterliegen, investiert werden.
- Ein Tagesgeldkonto ist die beste Lösung für Ihre finanzielle Absicherung.
- Die wesentlichen Komponenten zur Schaffung Ihres finanziellen Schutzes sind:
  1. Grundabsicherung gegenüber unerwartet hohen Zahlungen,
  2. Finanzpuffer zur Absicherung einkommensschwacher Situationen und
  3. Verhinderung finanzieller Engpässe durch große einmalige bzw. wiederkehrende Zahlungsverpflichtungen.
- Optional können Sie zusätzlich einen Extremfallpuffer für den (finanziellen) Schutz in Extremsituationen aufbauen.
- Ein Extremfallpuffer muss aus absolut krisenfesten Anlagen bestehen – z. B. Edelmetalle oder Diamanten.
- Für den Aufbau Ihres Extremfallpuffers gibt es kein Patentrezept; niemand weiß, wie die nächste große Krise aussieht.
- Ein Extremfallpuffer sollte immer als letzte Absicherung aufgebaut werden.
- Sichern Sie die finanziellen Folgen eines Todesfalls von Familienmitgliedern, die wesentlich zum Familieneinkommen beitragen, ab.
- Nutzen Sie eine Risikolebensversicherung zur Absicherung von Todesfällen (Richtgröße für die Versicherungssumme: drei bis fünf Bruttojahreseinkommen der versicherten Person).

5.1 Erste Phase: Der Aufbau Ihres finanziellen Schutzes

Gehen Sie in die Aktion!

- Beginnen Sie sofort damit, durch Erstrangsparen Ihre finanzielle Absicherung aufzubauen.
- Sichern Sie sofort Todesfälle von Familienmitgliedern, die wesentlich zum Familieneinkommen beitragen, ab.

5.2 Zweite Phase: Der Aufbau Ihres Vermögens

Nach dem Aufbau Ihres finanziellen Schutzes geht es darum, dass Sie als Nächstes Ihre finanzielle Selbstbestimmung erreichen und selbstbestimmt leben können. Wir wissen bereits, dass wir nur mit einer finanziellen Vision, mit einem genauen Ziel vor Augen – gepaart mit positiven Emotionen und einem Plan, dieses Ziel zu erreichen – zu finanzieller Unabhängigkeit gelangen (Abschn. 2.1). Aus diesem Grund definieren Sie bitte genau, was für Sie Reichtum und finanzielle Selbstbestimmung bedeuten.

Was ist für Sie finanzielle Selbstbestimmung?
Reichtum und finanzielle Selbstbestimmung bedeuten für jeden Menschen etwas anderes. Wie ist Ihre Vorstellung? Wann würden Sie sich reich und finanziell selbstbestimmt fühlen?

Wir alle sind uns einig, dass ein Milliardär reich ist. Allerdings müssen wir sicher nicht alle Milliardäre werden, um uns selbst reich und finanziell selbstbestimmt zu fühlen. Denn die meisten Menschen würden sich bereits als reich bezeichnen, wenn sie von ihrem Vermögen entspannt leben könnten und für die schönen Dinge des Lebens – wie mit Freunden gemütlich essen gehen und in Urlaub fahren – immer genug Geld da wäre. Insgesamt ist somit der Betrag, dessen es bedarf, um ein finanziell selbstbestimmtes Leben zu führen, meist gar nicht so groß, wie Viele denken. Hier geht es nämlich oft nicht um Millionen.

Grundsätzlich gilt: Wenn Sie durch passives Einkommen alle Ihre monatlichen laufenden Kosten bestreiten können, dann sind Sie wohlhabend und langfristig finanziell abgesichert. Haben Sie darüber hinaus auch noch jeden Monat Geld zu Ihrer freien Verfügung und müssen für all dies nicht arbeiten gehen, dann sind Sie reich!

▶ **Wohlhabend** = Die monatlichen laufenden Kosten sind aus passivem Einkommen gedeckt.

▶ **Reich** = Die monatlichen laufenden Kosten sind aus passivem Einkommen gedeckt und es steht zusätzlich Geld aus passivem Einkommen zur freien Verfügung.

5.2 Zweite Phase: Der Aufbau Ihres Vermögens

Prüfen Sie daher bitte, bevor Sie über diesen Abschnitt hinauslesen, wie viel Geld Sie persönlich monatlich bräuchten, um reich zu sein. Ich empfehle Ihnen, sich über solch einen monatlichen Betrag bewusst zu werden, da dieser Betrag leichter zu definieren ist als ein Betrag, der Ihr Vermögen umfassen soll, wenn Sie reich sind. Als ersten Anhaltspunkt können Sie Ihre Fixkosten und Ihre durchschnittlichen monatlichen variablen Kosten der letzten drei Monate aus Ihrem Haushaltsbuch addieren, um den Betrag zu erhalten, den Sie monatlich benötigen, um wohlhabend zu sein. Wie viel Geld Sie darüber hinaus monatlich gerne für persönliche Aktivitäten und Investitionen haben möchten, legen Sie bitte danach individuell nach Ihren Lebenszielen fest. Nehmen Sie sich bitte für die Definition dieses Betrages ausreichend Zeit und überlegen Sie genau, was Sie gerne hätten und wie Ihr Leben aussehen soll, wenn Sie finanzielle Selbstbestimmung erreicht haben. Vergessen Sie dabei bitte nicht: Sie werden immer nur maximal das bekommen, was Sie sich auch wünschen. Wie lautet Ihr persönlicher Betrag?

> **Überblick**
> Ich habe meine finanzielle Selbstbestimmung erreicht, wenn ich monatlich ein passives Einkommen in Höhe von:
> _____ Euro zur Verfügung habe.

Benötigtes Kapital für Ihre finanzielle Selbstbestimmung
Sie kennen nun den Betrag, den Sie monatlich frei zur Verfügung haben möchten. Jetzt stellt sich die Frage: Wie hoch muss dann Ihr Vermögen sein? Wie viel Vermögenswerte benötigen Sie, um solch einen monatlichen Betrag als Ertrag zu erhalten?

Die Höhe des benötigten Vermögens hängt von der Verzinsung ab und somit von der Investitionsstrategie, die Sie verfolgen werden, wenn Sie Ihr Vermögensziel erreicht haben. Lassen Sie uns beispielhaft prüfen, wie hoch Ihr Vermögen sein müsste, wenn Sie langfristig durchschnittlich eine Rendite von ca. sieben bis acht Prozent pro Jahr vor Steuern erzielen würden. Dies ist eine absolut realistische und teilweise sogar eher konservative Rendite bei langfristiger Investition in den internationalen Aktienmarkt (siehe Abschn. 5.3).

Die von Ihnen erzielte Rendite müssen Sie mit der Abgeltungssteuer[3] pauschal versteuern, somit können Sie nach Steuern im Schnitt mit ca. sechs Prozent Rendite kalkulieren. Nachfolgende Tabelle (Tab. 5.1) zeigt Ihnen, welches Vermögen Sie benötigen, um bei einer sechsprozentigen Rendite nach Steuern pro Jahr einen bestimmten monatlichen Ausschüttungsbetrag zu erwirtschaften.

O. k., jetzt wissen Sie, wie viel Vermögen Sie ungefähr benötigen, um von den Erträgen ein für Sie finanziell selbstbestimmtes Leben zu führen. Aber wie lange dauert es, bis Sie diesen Betrag zusammenhaben?

Dies hängt zum einen von dem Betrag ab, den Sie monatlich in Vermögenswerte investieren können, und zum anderen von Ihrer Investitionsstrategie – also von der zu erwartenden Rendite. Je mehr Sie investieren und je höher Ihre erzielte Rendite ist, desto schneller werden Sie Ihr Ziel erreichen.

Im Internet können Sie auf verschiedenen Webseiten[4] errechnen, wie lange Sie bei einer bestimmten Sparrate und einer erwarteten durchschnittlichen Verzinsung brauchen, um Ihr Zielvermögen zu erreichen. Nehmen Sie als Orientierung einen Zinssatz von sieben Prozent pro Jahr an.

Wie komme ich schneller an mein Ziel?
Um die benötigte Zeit zu reduzieren, haben Sie zwei Möglichkeiten. Sie könnten Ihr Investitionsrisiko erhöhen und spekulative Investitionen tätigen. Hiervon rate ich Ihnen jedoch definitiv ab, denn in vielen Fällen werden Sie eine finanzielle Bruchlandung erleben. Alternativ können Sie sich um zusätzliche

---

[3]Seit 2009 fallen auf Kapitalerträge (Zinsen, Dividenden, Veräußerungsgewinne von Aktien und Anleihen etc.) pauschal 25 % Abgeltungssteuer an. Hiermit ist es jedoch noch nicht getan, da auch noch der Solidaritätszuschlag in Höhe von 5,5 % auf die 25 % Abgeltungssteuer erhoben wird. Es entsteht so eine gesamte Steuerlast von 26,375 %. Sind Sie Mitglied einer Kirche, so müssen Sie darüber hinaus auch noch Kirchensteuer auf Ihre Kapitalerträge zahlen.

[4]Ein Beispiel für solche Zinseszinsrechner im Internet finden Sie unter: https://www.zinsen-berechnen.de/zinseszinsrechner.php.

5.2 Zweite Phase: Der Aufbau Ihres Vermögens

Tab. 5.1 Übersicht monatliche Ausschüttung bei 6 % Rendite nach Steuern

Monatlicher Betrag (EUR)	Vermögen (EUR)
500	100.000
750	150.000
1000	200.000
1250	250.000
1500	300.000
1750	350.000
2000	400.000
2250	450.000
2500	500.000
2750	550.000
3000	600.000
3250	650.000
3500	700.000
3750	750.000
4000	800.000
4250	850.000
4500	900.000
4750	950.000
5000	1.000.000

Einkommensquellen bemühen und somit den monatlichen Betrag erhöhen, den Sie investieren – dies ist mein Rat an Sie.

Der Vorteil der zweiten Alternative ist: Sie erhöht Ihr Investitionsrisiko nicht und zudem entwickeln Sie sich persönlich weiter und machen neue Erfahrungen. Siehe hierzu auch Kap. 5 und dort den Abschnitt „Jeder kann es schaffen".

Sollte es Ihnen am Anfang nur möglich sein, einen geringen Betrag zu sparen, so ist dies immer noch viel besser, als nicht zu investieren. Sie können auch mit kleinen Beträgen sofort damit beginnen, Vermögen aufzubauen Abschn. 5.3. Vergessen Sie nicht, dass sich durch den 50 %-Spar-Turboansatz (Abschn. 3.3) der Betrag, den Sie in Vermögenswerte investieren können, im Zeitverlauf erhöhen wird und Sie somit schneller Ihre finanzielle Freiheit erreichen werden.

Festlegung der Investitionsrate
Es gibt keine Regel, wie viel Prozent oder welchen festen Geldbetrag Sie von Ihrem Einkommen monatlich investieren sollten. Sie selbst müssen vielmehr diesen Betrag individuell festlegen. Allerdings sollten Sie Ihre persönliche monatliche Investitionsrate so wählen, dass Sie sich im Alltag nicht zu stark einschränken müssen. Wenn Sie sich nichts mehr leisten können, werden Sie erfahrungsgemäß nicht lange durchhalten. Außerdem sollen Sie Ihr Leben bereits heute genießen können und nicht ausschließlich für die Zukunft leben und investieren.

Allerdings sollten Sie stets versuchen, überflüssige Ausgaben zu vermeiden, und regelmäßig Ihre Ausgaben mithilfe Ihres Haushaltsbuchs prüfen (Abschn. 2.5), um festzustellen, ob Sie Geld sparen können.

Ein sehr gutes Beispiel hierfür ist der immer wieder gerne gekaufte Coffee to go. Viele werden jetzt sagen: *Also die zwei Euro machen ja wohl nix*. Ich sage Ihnen jedoch, die machen sehr viel aus. Kaufen Sie sich beispielsweise jeden Tag unter der Woche einen Coffee to go für um die zwei Euro, so geben Sie jeden Monat mindestens 40 EUR für Kaffee aus. Das sind im Jahr 480 EUR. Sie könnten sich alternativ auch einfach den Kaffee von zu Hause mitnehmen und auf diese Weise viel Geld sparen. Würden Sie das gesparte Geld investieren, dann hätten Sie bei sieben Prozent Zinsen pro Jahr nach zehn Jahren einen Betrag von ca. 6900 EUR und nach zwanzig Jahren einen stattlichen Betrag von ca. 20.400 EUR.

Bitte verstehen Sie mich nicht falsch, Sie sollen sich auch etwas gönnen und das Leben genießen. Um jedoch schnell Ihre finanzielle Selbstbestimmung zu erreichen, ist es notwendig, dass Sie Ihre etablierten Verhaltensweisen regelmäßig hinterfragen und prüfen, ob Sie Geld einsparen können, um dies dann zu investieren. Sie „challengen" sich selbst und entwickeln sich so – nicht nur finanziell – weiter.

Nach der Festlegung Ihrer persönlichen monatlichen Investitionsrate geht es darum, wie und in was Sie investieren. Das nachfolgende Kapitel geht genau auf diese Fragestellung ein. Es warnt Sie vor typischen Anlagefehlern, zeigt für Privatinvestoren wichtige wissenschaftliche Erkenntnisse auf und beschreibt eine auf diesen Erkenntnissen beruhende Anlagestrategie für Privatinvestoren.

5.2 Zweite Phase: Der Aufbau Ihres Vermögens

Kapitel 5.2 in Kürze
Ideen, die Ihr Leben verändern ...

- Zuallererst müssen Sie wissen, was für Sie finanzielle Selbstbestimmung ist!
- Wenn Sie durch passives Einkommen alle Ihre monatlichen laufenden Kosten bestreiten können, dann sind Sie wohlhabend und langfristig finanziell abgesichert. Haben Sie darüber hinaus auch noch Geld zu Ihrer freien Verfügung und müssen für all dies nicht arbeiten gehen, dann sind Sie reich!
- Legen Sie Ihre individuelle monatliche Investitionsrate fest.
- Schränken Sie sich nicht zu stark ein, sonst werden Sie nicht lange durchhalten.
- Je mehr Sie investieren und je höher Ihre erzielte Rendite ist, desto schneller werden Sie Ihr Ziel erreichen.
- Erhöhen Sie nicht Ihr Risiko, um schneller Ihr Ziel zu erreichen.
- Bemühen Sie sich um zusätzliche (passive) Einkommensquellen.
- Selbst einen geringen Betrag zu investieren ist besser, als keinen Betrag zu investieren.
- Überprüfen Sie regelmäßig Ihre Ausgaben und versuchen Sie, diese zu reduzieren.

Gehen Sie in die Aktion!

- Klären Sie für sich selbst, was für Sie finanzielle Selbstbestimmung ist und welches passive Einkommen Sie hierfür benötigen.
- Legen Sie Ihre individuelle monatliche Investitionsrate fest.
- Bemühen Sie sich um zusätzliche (passive) Einkommensquellen.
- Hinterfragen Sie Ihre Gewohnheiten, um sich weiterzuentwickeln.

5.3 Wie Sie zielgerichtet Vermögen aufbauen

Bei Investitionen geht es um Unternehmertum. Investitionen stellen Kapital bereit, damit etwas Neues entstehen bzw. Bestehendes sich weiterentwickeln kann. Investitionen zielen darauf ab, durch Wertschaffung Wohlstand zu generieren. Dieses hehre Ziel – die Generierung von Wert bzw. die Schaffung von Neuem oder das Wachsen von Bestehendem – passt dazu, dass Geld stetig im Fluss ist und von Gelegenheit zu Gelegenheit wandert. Es bewegt sich somit zu den Projekten, die hohes Veränderungs- und Wachstumspotenzial aufweisen. Nur durch die Bereitstellung von Kapital können sich Ideen in Form von Unternehmen und Projekten materialisieren und so Veränderung, Wachstum und Wohlstand erzeugen. Geld sollte daher investiert werden, damit es Ideen fördert und Innovation vorantreibt. Es sollte so eingesetzt werden, dass es seine positive Kraft entfalten kann (Abschn. 2.2).

Ziel der in Abschn. 5.3 beschriebenen Investitionsstrategie ist es daher, dass Sie auf dem Weg zu Ihrer finanziellen Selbstbestimmung zu einem Privatinvestor werden. Es geht nicht einfach nur darum, Geld anzulegen und eine Rendite zu erzielen. Sie können nämlich auch Geld auf dem Sparbuch anlegen – aktuell zu einem Zinssatz nahe null –, aber nicht dort investieren. Es geht vielmehr um die Schaffung von Wohlstand. Zum einen bei Ihnen selbst durch die Erträge aus Ihren Investitionen und zum anderen durch die durch Ihre Investitionen finanzierten Unternehmen und Projekte für die Gesamtheit.

Langfristiger Wertzuwachs statt kurzfristiger Spekulation – So investieren Sie richtig!
Von den Erträgen seines Vermögens leben zu können und so finanzielle Selbstbestimmung zu erfahren, ist nur möglich, wenn das Vermögen, das die Erträge generiert, aus werthaltigen Investitionen besteht. Diese Investitionen müssen langfristig beständig sein und Erträge abwerfen (passives Einkommen generieren). Ist das Vermögen hingegen spekulativ investiert und unterliegt großen Wertschwankungen, kann nur schwer ein stabiler Strom an Erträgen generiert werden.

Ziel sollte es daher sein, wertorientiert zu investieren, und nicht, durch Spekulation über Nacht schnell reich zu werden. Durch Spekulation schnell reich zu werden, ist immer mit einem gewissen Quäntchen an Glück möglich. Es kann aber auch schnell nach hinten losgehen und zu hohen Spekulationsverlusten führen. Ob wir dieses Risiko eingehen sollten bzw. wollen, ist mehr als fraglich. Meiner Meinung nach sollten Sie das Risiko nicht eingehen. Sie sollten vielmehr in Vermögenswerte investieren, deren Wertentwicklung stabil ist, mit denen Sie auch nach dem Kauf weiterhin ruhig schlafen können und nicht ständig Angst haben müssen, Ihr Geld zu verlieren.

Aktuell leben wir in einer noch nie da gewesenen Niedrigzinsphase. Sparguthaben bei Banken bringen so gut wie keine Zinsen mehr ein. Wenn man die Inflation mit einberechnet, verlieren Anlagen auf Sparkonten teilweise sogar Kaufkraft. Es wird aktuell von vielen Banken diskutiert, ob Guthaben auf Girokonten etc. mit Strafzinsen belegt werden sollen. Die Garantiezinsen der deutschen Lebensversicherung wurden seit dem Jahr 2000 – damals noch 4,0 % – kontinuierlich abgesenkt und liegen seit dem 1. Januar 2017 bei lediglich 0,9 % pro Jahr (Stand 2018). Weitgehend als sicher geltende Staatsanleihen weisen teilweise kurzfristig negative Renditen auf und langfristig auch keine üppigen. Insgesamt stehen die von vielen Privatpersonen in Deutschland in der Vergangenheit oft gewählten Anlageformen – Sparbuch, Lebensversicherung etc. – schlecht da. Mit ihnen ist keine Rendite zu erwirtschaften, die es ermöglicht, finanzielle Selbstbestimmung in den nächsten 20 bis 30 oder sogar 40 Jahren zu erreichen. Es sei denn, Sie können jeden Monat tausende von Euros investieren.

Der Ausblick ist ebenfalls nicht rosig, denn die Niedrigzinsphase wird wohl noch einige Zeit andauern. Vielleicht kommt sogar bald die nächste Finanzkrise. Es stellt sich somit die Frage: Gibt es alternative Investitionsmöglichkeiten, bei denen heutzutage ein Privatinvestor noch eine ausreichende Rendite erwirtschaften und so finanzielle Selbstbestimmung in einem überschaubaren Zeitraum erreichen kann, ohne sich gleichzeitig in hohe Risiken zu stürzen?

Glücklicherweise lautet die Antwort: Ja, solche Investitionsmöglichkeiten gibt es! Allerdings bedarf dies der Bereitschaft, alte Angstbilder kritisch zu hinterfragen und sich offen für erstaunliche Fakten zu zeigen. Für die konkrete Beantwortung der Frage lohnt sich nämlich ein Blick auf die Finanzmärkte.

Auf diesen Märkten können Sie zwar mit hochspekulativen Geschäften viel Geld verlieren oder sehr schnell sehr, sehr reich werden. Aber es gibt aber auch Möglichkeiten, langfristig am Finanzmarkt hohe Renditen bei einem überschaubaren Risiko zu erwirtschaften. Dies bietet Ihnen die Möglichkeit, ein ansehnliches Vermögen aufzubauen.

Welche Risiken birgt ein Aktieninvestment?
Analysiert man die historischen Renditen von Aktienindices, so zeigt sich, dass bei langfristigen Investitionen hohe Erträge erwirtschaftet werden können.

Skeptiker werden nun aber sicher fragen: Was ist denn, wenn ich zum falschen Zeitpunkt in Aktien investiere und es einen Börsencrash gibt? Selbst hier zeigt die Historie, dass in der Vergangenheit trotz großer (globaler) Finanzkrisen mit einer langfristigen Aktienanlage über 15, 20 oder 30 Jahre meist Gewinne erwirtschaftet wurden.

Hätten Sie beispielsweise zu einem denkbar schlechten Zeitpunkt – im Jahr 1999 oder 2000, kurz vor dem Platzen der New-Economy-Blase – in den DAX[5] investiert und Ihr Investment bis Ende 2016 gehalten, so hätten Sie trotz mehrerer großer Finanzkrisen (globale Finanzkrise, Staatsschuldenkrise) am Ende keinen Verlust erlitten. Sie hätten vielmehr eine jährliche Rendite von 3,0 bzw. 3,7 % erwirtschaftet.[6] Trotz vorübergehender teilweise dramatischer Verluste hätte am Ende ein Gewinn gestanden. Hinzu kommt, dass wir hier von einem Einmalinvestment reden und nicht von kontinuierlicher Investition. Hätten Sie kontinuierlich investiert, sähe die Rendite noch besser

---

[5]Die Abkürzung „DAX" steht für „Deutscher Aktienindex". Der Deutsche Aktienindex ist der wichtigste Aktienindex in Deutschland. Er bildet die Wertentwicklung der 30 größten und umsatzstärksten Unternehmen ab.

[6]Diese Daten basieren auf dem DAX-Renditedreieck des Deutschen Aktieninstituts (www.dai.de).

aus. Kontinuierliches Investieren hat nämlich selbst bei vorübergehenden Kursrückgängen erhebliche Vorteile gegenüber Einmalinvestitionen (hierzu mehr in Abschn. 5.3).

Schaut man sich sogenannte Renditedreiecke[7] verschiedener Aktienindices auf der Welt an, so wird schnell deutlich, dass es nur wenige Zeiträume mit langfristigen negativen Renditen gibt. Eines dieser wenigen Beispiele für eine langfristige negative Performance ist der Nikkei 225[8] seit 1990. Damals notierte der Index um die 39.000 Punkte. In der Zeit bis heute erreichte er diesen Punktestand nie wieder. Ende August 2018 steht er noch immer unter 23.000 Punkten.

Durch ein einmaliges Investment 1990 in den Nikkei 225 hätten Sie bis heute keine Kursgewinne erzielt. Allerdings hätten Sie von Ausschüttungen – Dividenden der im Nikkei 225 enthaltenen Aktien – profitiert. Hätten Sie aber statt einem Einmalinvestment kontinuierlich mittels Sparplan in den Nikkei 225 investiert, so sähe Ihre Rendite wesentlich positiver aus.

Die Schwierigkeit bei Einmalinvestitionen ist, den richtigen Zeitpunkt zu finden. Dies ist zwar theoretisch möglich, praktisch aber sehr unrealistisch. Hätten Sie statt einmalig kontinuierlich in den Nikkei 225 investiert, hätten Sie bei fallenden Kursen Ihren Einstandskurs über alle Käufe verbessert und so profitiert (Cost-Average-Effekt). Problematisch sind somit anscheinend nicht die Wertschwankungen an der Börse, sondern eher Einmalinvestitionen. Dazu aber später mehr (siehe Abschn. 5.3.2).

Wie viel bringt eine Investition in Aktien?
Lassen Sie sich bitte auf keinen Fall von Wertschwankungen an den Aktienmärkten abschrecken. Global betrachtet, sind die

---

[7]Renditedreiecke bilden die langfristige Entwicklung eines bestimmten Aktienindex ab. Aus einem Renditedreieck lässt sich die durchschnittliche jährliche Rendite für beliebige Investitionszeiträume, also Kombinationen von Kauf- und Verkaufszeitpunkt, ablesen.

[8]Der Nikkei 225 ist der japanische Leitindex, er umfasst die 225 wichtigsten japanischen börsennotierten Unternehmen.

Zeiträume mit negativen Renditen meist nicht von langer Dauer. Zudem sollten Sie sowieso nicht alles auf eine Karte setzen, sondern Ihre Investitionen breit streuen (siehe Abschn. 5.3.2). Mögliche Verluste einer Investition können so durch Gewinne anderer Investitionen aufgefangen oder überkompensiert werden. Im Endeffekt geht es darum, dass Sie insgesamt Geld verdienen, und nicht darum, dass jedes Ihrer Investments super läuft.

Grundsätzlich sollten Sie, wenn Sie an der Börse investieren, immer langfristig investieren. So können Ihnen kurzfristige Kursschwankungen nichts anhaben, da Sie diese aussitzen bzw. sogar als Einstiegschance nutzen können.

Schauen wir uns nun einmal an, mit welcher durchschnittlichen Rendite Sie bei einer langfristigen und breit diversifizierten Investition in Aktien rechnen können. Um ein erstes Gefühl zu bekommen, hier zwei Beispiele für langfristige Renditen am Aktienmarkt:[9]

Beispiel

- Der DAX erwirtschaftete beispielsweise in den letzten 50 Jahren (1966 bis 2016) eine durchschnittliche jährliche Rendite von 8,3 % und in den letzten 30 Jahren (1986 bis 2016) von 6,8 %.
- Der EURO STOXX 50[10] erwirtschaftete in den letzten 30 Jahren (1986 bis 2016) eine durchschnittliche Rendite von 7,0 %.

Jetzt stellt sich natürlich die Frage: Wie wird es in Zukunft aussehen? Mit welcher Rendite kann gerechnet werden?

---

[9]Die Daten basieren auf dem DAX- und dem EURO-STOXX-50-Renditedreieck des Deutschen Aktieninstituts (www.dai.de). Die dargestellten DAX-Renditen sind die jährliche Durchschnittsrendite und umfassen Kursentwicklung und Dividendenausschüttungen. Die EURO-STOXX-Renditen sind, da es sich bei diesem Aktienindex um einen Kursindex handelt, hingegen reine Kursrenditen ohne Dividendenrenditen.

[10]Der EURO STOXX 50 ist ein europäischer Aktienindex, er umfasst die 50 größten börsennotierten Unternehmen des Euro-Währungsgebiets.

5.3 Wie Sie zielgerichtet Vermögen aufbauen

Ich möchte Ihnen keine falschen Hoffnungen machen, daher sage ich es Ihnen gleich vorab: Niemand kann Aktienkurse vorhersagen (siehe Abschn. 5.3.2). Wir wissen somit nicht, mit welcher Rendite Sie in Zukunft mit Sicherheit rechnen können. Allerdings können wir basierend auf historischen Renditen eine Renditeerwartung prognostizieren.

Es spricht viel dafür, dass, wenn in der Vergangenheit mit Aktien über einen längeren Zeitraum viel Geld verdient werden konnte, dies auch in Zukunft so sein wird. Oft ist die Vergangenheit der beste Indikator für die Zukunft.

Basierend auf dieser Annahme und historischen Daten können wir bei einer gut diversifizierten langfristigen Investition in Aktien durchaus mit jährlichen nominalen Renditen zwischen fünf und acht Prozent rechnen (B. Metzler seel. Sohn & Co et al. 2016).

Natürlich können Sie jetzt sagen: „Das ist mir alles zu ungewiss." Aber mit der scheinbar sicheren Rendite von beispielsweise aktuell 0,9 % in Höhe des gesetzlich festgelegten Garantiezinses für Lebensversicherungen werden Sie sehr wahrscheinlich nie Ihre finanzielle Selbstbestimmung erreichen. Versuchen Sie es daher einmal und geben Sie der Aktie eine Chance.

Wissenschaftliche Erkenntnisse aus der Kapitalmarktforschung nutzen
Wenn Sie sich entscheiden, diese Chance zu nutzen und Ihr Geld langfristig und breit gestreut in den Aktienmarkt zu investieren, dann sollten Sie Ihre Investitionsstrategie so profitabel und gleichzeitig so einfach wie möglich ausgestalten. Hierfür ist es sinnvoll, wissenschaftliche Erkenntnisse der Kapitalmarktforschung zu nutzen und bewährte Ansätze aus der Praxis einzubeziehen.

Wenn Sie die Fehler kennen, die häufig bei der Geldanlage gemacht werden und viel Geld kosten, dann können Sie diese vermeiden und so sehr viel Lehrgeld sparen. Aus diesem Grund möchte ich Sie im nächsten Kapitel auf Anlagefehler hinweisen, die Sie auf keinen Fall machen sollten.

Kapitel 5.3 in Kürze
Ideen, die Ihr Leben verändern …

- Investitionen stellen Kapital bereit, damit etwas Neues entstehen bzw. Bestehendes sich weiterentwickeln kann.
- Investitionen zielen darauf ab, durch Wertschaffung Wohlstand zu generieren.
- Sie können nur von den Erträgen Ihres Vermögens leben, wenn Ihr Vermögen aus werthaltigen Investitionen besteht und konstante Erträge generiert.
- Die Börse bietet die Möglichkeit, langfristig hohe Renditen bei einem überschaubaren Risiko zu erwirtschaften.
- Lassen Sie sich nicht von Wertschwankungen an den Aktienmärkten abschrecken.
- Wenn Sie langfristig investieren, können Ihnen kurzfristige Kursschwankungen nichts anhaben.
- Ziel ist es, insgesamt Geld zu verdienen, und nicht, dass jedes Ihrer Investments super läuft.
- Aktienkurse können nicht vorhergesagt werden. Oft ist die Vergangenheit aber ein guter Indikator für die Zukunft.
- Es spricht Vieles dafür, dass auch in Zukunft viel Geld mit Aktien verdient werden kann.
- Bei einer breit gestreuten Investition in Aktien kann durchaus mit einer nominalen Rendite zwischen fünf und acht Prozent pro Jahr gerechnet werden.

Gehen Sie in die Aktion!

- Informieren Sie sich über Investitionsmöglichkeiten.
- Informieren Sie sich über die Börse.

5.3.1 Typische Anlagefehler, die Sie vermeiden sollten

Rolf Dobelli schreibt in seinem Buch *Die Kunst des klugen Handelns* direkt auf der ersten Seite: *„Negatives Wissen (was nicht tun) ist viel potenter als positives (was tun)"* (Dobelli 2014). Dies gilt auch für Investitionsentscheidungen. Denn oft sind die Investitionen, die wir nicht tätigen, die besten. Hätten wir sie getätigt, hätten wir nämlich viel Geld verloren.

Wenn Sie die Fehler, die in diesem Kapitel beschrieben sind, stets vermeiden, werden Sie mit Ihren Investitionen wesentlich mehr verdienen als die meisten anderen Menschen. Darüber hinaus werden Sie nicht Betrügern oder Abzockern aufsitzen.

Kaufen Sie nur das, was Sie auch wirklich verstehen
Der wichtigste Grundsatz bei jeder Investitionsentscheidung ist: Kaufen Sie nichts, was Sie nicht hundertprozentig verstanden haben!

Wenn Ihnen ein Bankberater, Versicherungsmakler etc. ein Finanzprodukt anbietet und Sie nicht wirklich verstehen, was Ihnen angeboten wird, unterschreiben Sie bitte auf keinen Fall! Lassen Sie sich stattdessen das Angebot so lange erklären, bis Sie alle Details zu 100 % verstanden haben. Denn erst dann können Sie eine fundierte und faktenbasierte Entscheidung treffen. Scheuen Sie sich nicht, nachzufragen; es ist Ihr gutes Recht und sollte Ihnen auch nicht peinlich sein. Es geht schließlich um Ihr Geld. Stellen Sie sich bitte vor jeder Investitionsentscheidung folgende Fragen:

- Wie und wie viel verdiene ich voraussichtlich?
- Wie wahrscheinlich sind Verluste?
- Was passiert mit meinem Geld?
- Welche Dauer hat die Investition und wie komme ich wieder an mein Geld?

Lesen Sie immer das Kleingedruckte
Bevor Sie einen Vertrag unterschreiben, lesen Sie bitte immer das Kleingedruckte (Produktinformationsblätter, Verkaufsprospekte,

AGBs etc.). Im Kleingedruckten stehen meist die Kosten und sonstigen Gebühren. Oft schreiben selbst Anlagebetrüger die anfallenden immens hohen Kosten in die Hochglanzbroschüren mit hinein. Diese werden jedoch leider nur allzu oft nicht gelesen. Mit Vertragsunterschrift bestätigen Sie aber, dass Sie alle Unterlagen gelesen und verstanden haben. Daher gilt: Lesen Sie immer alles und fragen Sie nach, wenn Sie etwas nicht verstehen.

Vielleicht kann der Berater Ihre Frage nicht direkt beantworten. Dies ist zunächst nicht schlimm, denn er ist auch nur ein Mensch. Allerdings sollte er Ihnen ohne Aufforderung anbieten, selbst nachzufragen, um Sie dann in einem Folgetermin umfassend zu informieren. Der Vertragsabschluss wird demzufolge natürlich auch erst frühestens im Folgetermin erfolgen. Denn zunächst müssen alle Fragen geklärt sein und Sie alles verstanden haben.

Lassen Sie sich Zeit für Ihre Entscheidungen
Eng mit dem Grundsatz, dass Sie jede Investition verstanden haben müssen, bevor Sie entscheiden, ob Sie diese tätigen, hängt der zweite Grundsatz zusammen: Lassen Sie sich Zeit für Ihre Entscheidung! Treffen Sie keine Investitionsentscheidungen voreilig, schlafen Sie immer mindestens zwei Nächte darüber.

Sie treffen nach zwei Tagen Bedenkzeit wesentlich weniger emotionale Entscheidungen und vor allem hatten Sie Zeit, sich zu informieren und bei Bedarf eine Zweit- oder sogar auch eine Drittmeinung einzuholen. Wenn es angeblich schnell gehen muss oder besser gesagt versucht wird, Sie zeitlich unter Druck zu setzen, dann lassen Sie die Finger von dem Angebot.

Das Problem ist: Überhastete Entscheidungen erfolgen meist emotional aus Euphorie, Panik, Angst oder Gier. Dies alles sind jedoch sehr schlechte Ratgeber. Nehmen Sie sich daher immer die Zeit und wiegen Sie die Chancen und Risiken nüchtern ab.

Kaufen Sie nur Vermögenswerte
Im Hinblick darauf, in was Sie investieren, ist es wichtig, dass Sie zunächst prüfen: Handelt es sich hierbei um einen Vermögenswert oder kaufe ich mir Verpflichtungen mit ein (siehe auch Abschn. 2.3)?

Sollte die potenzielle Investition mit Verpflichtungen einhergehen wie beispielsweise beim Kauf eines Miethauses, dann müssen Sie sicherstellen, dass die Erträge der Investition diese Verpflichtungen überkompensieren. Falls das nicht der Fall ist, ist dies ein eindeutiges und unumstößliches K.-o.-Kriterium. Sie sollten dann auf keinen Fall investieren!

Investieren Sie nicht, um Steuern zu sparen
Bei Investitionen geht es darum, Geld zu verdienen! Sie sollten grundsätzlich keine Investitionen tätigen, um Steuern zu sparen. Meiden Sie daher alle Angebote, die durch Steueroptimierung etc. angeblich eine hohe Rendite erzielen, denn die Steuergesetzgebung kann sich ändern. Steuersparmodelle, die im großen Stil vertrieben werden, müssen nicht zwingend auch für Ihre individuelle steuerliche Situation passend sein. Hier haben schon viele private Kleinanleger eine finanzielle Bruchlandung erlitten.

Viele Steuern zu zahlen ist gut, denn es bedeutet, dass Sie zuvor viel Geld verdient haben, und dies wollen wir ja! Maximieren Sie daher besser Ihr Einkommen, als Ihre Steuerlast zu minimieren. Wenn Sie viel verdienen, dann können Sie auch ohne Probleme die Steuern dafür bezahlen.

Investieren Sie nur Geld, das Sie nicht benötigen
Bei dem in diesem Buch verfolgten Konzept geht es nicht um kurzfristige Spekulation, sondern um langfristige werthaltige Investition in Vermögenswerte.

Investitionen sollten grundsätzlich mittel- bis langfristig ausgerichtet sein. Verwenden Sie daher für die Investition in Vermögenswerte nur solche Gelder, die Sie nicht benötigen. Einfach gesprochen: Wenn Sie Geld in Ihrem Vermögenskreislauf investiert haben, dann ist es dort investiert und steht Ihnen in Ihrem Alltag nicht mehr zur Verfügung. Die Gelder in Ihrem Vermögenskreislauf sollen für Sie arbeiten, und zwar nicht nur kurzfristig, sondern für immer (Kap. 4 und speziell Abschn. 4.2).

Verplanen Sie auch kein Geld, das Sie noch nicht besitzen. Würden Sie beispielsweise einen Vertrag mit monatlichen Raten abschließen und diesen aus einer scheinbar sicheren Gehaltserhöhung heraus finanzieren wollen, kann dies schnell zu finanziellen Problemen führen, wenn die Gehaltserhöhung doch ausbleiben sollte. Die vereinbarten Raten werden nämlich trotzdem fällig.

Machen Sie nie Schulden, um zu investieren
Investieren auf Pump – davon sollten Sie auf jeden Fall die Finger lassen!

Investitionen können auch zu Verlusten führen. Es gilt nämlich: *Ohne Risiko kein Ertrag* (siehe auch Abschn. 5.3.2). Zwar ist bei weitem nicht jede Form von Investition hochriskant, Investitionen sind aber auch nicht gegen jeglichen (vorübergehenden) Verlust gefeit. Haben Sie Ihre Investition auf Kredit finanziert und planen, mit den Erträgen den Kredit zurückzubezahlen, dann geraten Sie im Verlustfall schnell in eine Schuldenspirale. Daher rate ich Ihnen: Investieren Sie immer nur das Geld, das Sie besitzen! Machen Sie keine Schulden, um zu investieren.

Lassen Sie sich nicht vom Gerede anderer beeinflussen
Wenn Sie einmal eine Investitionsentscheidung getroffen haben, dann stehen Sie bitte auch zu ihr bzw. revidieren Sie diese nur nach reiflicher Überlegung. Sie hatten damals gute Beweggründe, die Investition zu tätigen bzw. nicht zu tätigen. Nur weil plötzlich in Ihrem Umfeld oder in den Medien eine andere Meinung aufkommt, heißt dies noch nicht, dass diese auch richtig sein muss.

Zudem ändert sich gerade in der Medienlandschaft die vorherrschende Meinung sehr schnell. Würden Sie allen Meinungsänderungen folgen, so würden Sie nur kaufen und verkaufen und viele Kosten für nichts produzieren. Nicht umsonst gibt es die Börsenweisheiten *„Hin und her macht Taschen leer"* oder *Außer Spesen nichts gewesen"*. Die Finanzindustrie freut sich, wenn Sie häufig kaufen und verkaufen. Denn dann verdienen Ihre Depotbank und der Wertpapiermakler Provisionen. Überlegen Sie daher bitte immer genau, ob Sie Ihre ursprüngliche Entscheidung revidieren wollen.

Warren Buffett hat einmal sinngemäß gesagt: „*Investoren werden nicht für Aktionismus bezahlt, sondern fürs Rechthaben*". Daher überlegen Sie immer zweimal, was Sie tun. Sie können nämlich auch wenn Sie gegen den Strom schwimmen, viel Geld verdienen – oder gerade dann.

Zudem betrachtet jeder Mensch immer nur einen kleinen Ausschnitt der Vielzahl an existierenden Meinungen. Lassen Sie sich daher nicht von plötzlich aufkommenden Meinungen verwirren, sondern analysieren Sie nüchtern deren Sinnhaftigkeit. Dies alles soll nicht bedeuten, dass Sie Ihre Meinung bei Bedarf nicht auch ändern sollten. Tun Sie dies aber bitte erst nach reiflicher Überlegung und ausführlicher Prüfung und nicht aufgrund von vorübergehenden emotionalen Eindrücken.

Behalten Sie bitte auch immer einen kühlen Kopf, wenn Ihnen jemand einen „absolut sicheren Geheimtipp" gibt, mit dem Sie in kurzer Zeit ganz viel Geld verdienen werden. Bleiben Sie Ihren Grundsätzen treu: Verstehen Sie den Geheimtipp erst einmal, überlegen Sie in Ruhe, wie sinnvoll dieser ist, und entscheiden Sie erst dann, was Sie tun. Vielleicht ist es ja wirklich ein lukratives Angebot.

Setzen Sie nie alles auf eine Karte
Sie sollten Ihr Geld nie nur in ein Investment stecken, denn dann wären Sie auf Gedeih und Verderb von der Wertentwicklung dieses einen Investments abhängig. Sie wissen aber nie mit absoluter Sicherheit, wie sich eine Investition entwickeln wird, und somit sind immer auch Verluste denkbar. Haben Sie Ihr Geld in viele verschiedene Investments investiert, dann müssen Sie nur im Durchschnitt Ihre gewünschte Rendite erreichen. Es können somit auch ein paar Investments mal schlecht laufen.

Streuen Sie daher immer Ihre Investitionen, um Chancen zu nutzen und gleichzeitig Ihr Risiko stark zu senken. Alles auf eine Karte zu setzen, ist viel zu riskant. Wissenschaftliche Hintergründe und effektive, leicht umsetzbare Ansätze, um diesen Fehler zu vermeiden, finden Sie im nächsten Kapitel.

Setzen Sie sich klare Ziele für jede Investition
Gerade im Wertpapierbereich (Aktien und Anleihen) herrscht bei vielen Privatinvestoren der sogenannte Dispositionseffekt vor. Unter dem Dispositionseffekt versteht man das Phänomen, dass Privatanleger, aber auch Profis Wertpapiere, die in den Verlustbereich geraten (aktueller Marktpreis liegt unter dem Kaufkurs), tendenziell erst sehr spät und Wertpapiere, mit denen hingegen Gewinne erzielt werden, relativ früh verkaufen.

Dies liegt unter anderem darin begründet, dass der Großteil der Menschen empfindlicher für Verluste ist als für Gewinne. Wissenschaftlich liegt diesem Verhalten eine Hypothese aus der Verhaltensökonomik zugrunde – der Endowment-Effekt: Menschen tendieren dazu, ein Gut wertvoller einzuschätzen, wenn sie es besitzen.

Um dieses psychologische Verhalten zu umgehen, sollten Sie auf der Basis von Regeln investieren, die Sie vor dem Kauf klar festlegen. Setzen Sie sich immer ein klares Investitionsziel. Halten Sie dieses und die Gründe für Ihren Kauf schriftlich fest. Definieren Sie bitte ebenfalls schriftlich, wann Sie im Verlustfall Ihre Investition auf jeden Fall verkaufen werden. Stellen Sie dann direkt nach Kauf eine automatische Verkaufsorder ein – eine sogenannte Stop-Loss-Order[11] –, damit Sie, wenn der maximale Verlust, den Sie in Kauf nehmen würden, tatsächlich erreicht wurde, aus der Investition automatisch aussteigen.

Haben Sie Ihr Renditeziel erreicht, dann sichern Sie dieses bitte ebenfalls mit einem Stop-Loss, passend zu Ihrer Mindestrendite[12], ab. Dies hat den Vorteil, dass, wenn Ihre Investition

---

[11]Durch eine Stop-Loss-Order bestimmt der Investor einen Kurs, der aktuell unterhalb des Marktpreises liegt und bei dem ein Verkaufsauftrag für das Wertpapier automatisch ausgelöst werden soll. Der Zweck ist, bereits erzielte Gewinne abzusichern und Verluste zu begrenzen. Beispiel: Aktueller Marktpreis 10 EUR, maximal tragbarer Verlust 15 %, Stop-Loss-Order bei 8,5 EUR.

[12]Hat ein Investment den geplanten Zielkurs erreicht und somit die Mindestrendite erwirtschaftet, so kann diese durch eine Stop-Loss-Order abgesichert werden. Hierzu setzt der Investor den Verkaufskurs der Stop-Loss-Order auf den erreichten Zielkurs. Steigt die Investition weiter, so können weitere Kursgewinne erzielt werden. Fällt sie hingen wieder, so wird sie zum Verkaufskurs der Stop-Loss-Order verkauft.

sich weiter positiv entwickelt, Sie an dieser Entwicklung partizipieren werden. Sollten die Aktien jedoch später wieder an Wert verlieren, werden Sie trotzdem Ihre Mindestrendite erzielen, da Sie diese mittels automatischer Verkaufsorder abgesichert haben.

Schließen Sie nie Geschäfte am Telefon oder an der Haustür ab
Sollte bei Ihnen plötzlich das Telefon klingeln oder es an der Tür läuten und eine wildfremde Person Ihnen etwas verkaufen wollen, dann kaufen Sie bitte auf keinen Fall! Entweder Sie vereinbaren – falls Sie Interesse haben – einen Beratungstermin in der Niederlassung des Unternehmens oder Sie wimmeln das Angebot direkt ab.

Leider werden per Telefon und an Haustüren oft schlechte Produkte verkauft oder es wird sogar versucht, mittels Betrug an Ihr Geld zu kommen. Seien Sie daher gewarnt. Sind Sie einmal im Gespräch, dann ist es oft sehr schwer, solche mit Kaltakquise arbeitende „Finanzberater" wieder loszuwerden. Diese werden nämlich häufig darin geschult, Sie in ein Gespräch zu verwickeln und Sie auch gezielt hin zu einer Unterschrift zu drängen bzw. zu manipulieren.

Fazit: Nutzen Sie Ihren gesunden Menschenverstand
Die nachfolgend zusammenfassend aufgeführten Warnsignale sollten Sie immer skeptisch machen und dazu führen, dass Sie die Investitionsmöglichkeit noch kritischer prüfen:

▶ **Wichtig**
- Komplizierte Vertragskonstruktionen → Fordern Sie Verständlichkeit!
- Undurchsichtige Kosten → Fordern Sie Kostentransparenz!
- (Sichere) Rendite weit über dem Marktdurchschnitt → Lassen Sie sich die Renditeversprechen schriftlich belegen!
- Angeblich keine Risiken → Prüfen Sie alles dreifach, es gibt immer Risiken!
- Zeitdruck → Nehmen Sie sich immer Zeit für eine durchdachte Entscheidung!
- Komisches Bauchgefühl → Hören Sie auf Ihr Bauchgefühl! Und prüfen Sie alles doppelt!

Geldgeschäfte in der Familie oder unter Freuden
Verleihen Sie nie Geld innerhalb Ihrer Familie oder im Freundeskreis! Ich rede jetzt nicht von einmalig fünf oder zehn Euro beim Mittagessen, sondern von hohen Beträgen.

Das Problem ist, dass bei Privatdarlehen Emotionen und unterschwellige Erwartungen oft eine viel zu große Rolle spielen. Sie können schnell in eine moralische Zwickmühle geraten, wenn Sie beispielsweise eine Rückzahlung erwarten, diese aber ausbleibt und Sie gleichzeitig immer wieder mit herzergreifenden Geschichten um Zahlungsaufschub gebeten werden. Im Endeffekt sind Sie in solchen Konstellationen oft der Letzte, der etwas zurückbekommt. Ist ja in der Familie oder unter guten Freunden. Dies ist sicher nicht immer so, aber – wie die Praxis zeigt – leider doch häufig der Fall. Machen Sie daher bitte nicht den Fehler, innerhalb der Familie oder des Freundeskreises große Geldbeträge zu verleihen. Wenn Sie helfen wollen, dann verschenken Sie entweder Geld oder bieten Sie Hilfe zur Selbsthilfe an.

Bei allen anderen Vertragsbeziehungen in der Familie oder unter Freuden haben Sie häufig ähnlich gelagerte Probleme. Aus diesem Grund sollten Sie bei jeglichem Geschäft, egal mit wem auch immer, einen schriftlichen Vertrag aufsetzen. Am Anfang ist man immer einer Meinung und hat große gemeinsame Pläne. Wenn es dann wider Erwarten Probleme gibt und jemand Geld bezahlen soll, ist jedoch oft der Streit vorprogrammiert. Genau in diesen Fällen hilft Ihnen aber der geschlossene Vertrag, in dem alle Rechte und Pflichten geregelt sind. Tun Sie daher sich selbst und Ihren Vertragspartnern den Gefallen und halten Sie immer alle Vereinbarungen schriftlich fest. Lassen Sie evtl. zusätzlich einen neutralen Zeugen mit unterschreiben. Man weiß ja nie.

Wenn Sie bei Vertragsaufsetzung mit Dackelblick angeschaut und gefragt werden: „Hast du denn gar kein Vertrauen in mich?", dann lassen Sie das Geschäft bitte auf jeden Fall sein! Wer keinen Vertrag möchte, hat immer etwas zu verbergen und möchte sich sehr wahrscheinlich nicht (zwingend) an die Vereinbarungen halten.

Sie haben nun eine Reihe von typischen Anlagefehlern kennengelernt. Bitte nehmen Sie sich die enthaltenen Tipps zu Herzen. Sie werden bei Beachtung viel Geld sparen.

Kapitel 5.3.1 in Kürze
Ideen, die Ihr Leben verändern ...

- Wenn Sie die Fehler kennen, die häufig bei der Geldanlage gemacht werden, dann können Sie diese vermeiden und so sehr viel Lehrgeld sparen.
- Oft sind die Investitionen, die nicht getätigt werden, die besten.
- Der gesunde Menschenverstand schützt vor vielen Fehlern bei der Geldanlage.
- Bei Privatdarlehen spielen Emotionen und unterschwellige Erwartungen oft eine viel zu große Rolle.
- Verleihen Sie nie Geld innerhalb Ihrer Familie oder im Freundeskreis!
- Setzen Sie bei jedem Geschäft, egal mit wem, immer einen schriftlichen Vertrag auf.
- Wer keinen Vertrag möchte, hat immer etwas zu verbergen.

Gehen Sie in die Aktion!

- Kaufen Sie nur das, was Sie auch wirklich verstehen.
- Lesen Sie immer das Kleingedruckte.
- Lassen Sie sich Zeit für Ihre Entscheidungen.
- Kaufen Sie nur Vermögenswerte.
- Investieren Sie nicht, um Steuern zu sparen.
- Investieren Sie nur Geld, das Sie nicht benötigen.
- Machen Sie nie Schulden, um zu investieren.
- Lassen Sie sich nicht vom Gerede anderer beeinflussen.
- Setzen Sie nie alles auf eine Karte.
- Setzen Sie sich klare Ziele für jede Investition.
- Schließen Sie nie Geschäfte am Telefon oder an der Haustür ab.
- Verleihen Sie nie größere Beträge innerhalb Ihrer Familie oder im Freundeskreis.

5.3.2 Wissenschaftliche Erkenntnisse als Basis für Ihren Investitionserfolg

Im Bereich der Finanzmarktforschung untersuchen Wissenschaftler das Geschehen an den Finanzmärkten. Nicht alle der so gewonnenen Forschungsergebnisse liefern für Privatinvestoren nützliche Erkenntnisse. Einige sind viel zu theoretisch, andere beziehen sich auf für Privatinvestoren irrelevante Phänomene. Allerdings gibt es auch viele Studien, deren Erkenntnisgewinn Privatinvestoren aufgreifen und bei ihren Investitionsentscheidungen berücksichtigen sollten. So beispielsweise, dass es nicht sinnvoll ist, zu versuchen, den Markt zu schlagen, oder aber dass durch breitgestreute Investitionen das Investitionsrisiko stark reduziert werden kann.

Gerade das noch relativ junge Forschungsgebiet „Behavioral Finance" liefert teilweise hochinteressante und praxisrelevante Forschungsergebnisse. Ziel dieser Forschung ist es, Erkenntnisse aus der verhaltenswissenschaftlichen Forschung und Psychologie zusammen mit der modernen Finanztheorie zu nutzen, um so das Marktgeschehen bzw. das Verhalten von institutionellen und privaten Investoren an den Finanzmärkten zu erklären. Kurz gesagt: Es geht um die Psychologie der Investoren hinter deren Investitionsentscheidungen. Die hierbei entstehenden Erkenntnisse können für Privatinvestoren sehr nützlich sein.

Keine Angst. Sie sollen jetzt nicht anfangen, wissenschaftliche Studien zu lesen, um für sich relevante Erkenntnisse daraus abzuleiten. Allerdings ist es nur von Vorteil, wenn Sie zumindest einen groben Einblick in für Privatinvestoren relevante finanzwissenschaftliche Forschungsergebnisse haben. Die nachfolgenden Kapitel stellen daher wesentliche Zusammenhänge dar und liefern Vorschläge für die praktische Umsetzung.

Kapitel 5.3.2 in Kürze
Ideen, die Ihr Leben verändern ...

- Einige Ergebnisse der Finanzmarktforschung liefern für Privatinvestoren nützliche Erkenntnisse.
- Es ist nicht notwendig, sich in die wissenschaftliche Finanzmarktforschung einzulesen, ein grober Einblick reicht aus.

Gehen Sie in die Aktion!

- Verschaffen Sie sich einen Überblick über für Sie relevante finanzwissenschaftliche Forschungsergebnisse (siehe nachfolgende Unterkapitel).

5.3.2.1 Ohne Risiko keine Rendite

Wir alle wollen Schmerz vermeiden und Freude empfinden. Dieses Schema ist in unseren Urinstinkten tief verwurzelt. Aus diesem Grund haben viele Menschen auch Angst, Risiken einzugehen. Sie wollen am liebsten alles ganz sicher und planbar haben. Bei der Geldanlage ist dies nicht anders. Viele scheuen jeglichen eventuell möglichen Verlust und nehmen für scheinbare Sicherheit einen hohen Rendite-Abschlag hin. Getreu dem Motto: Lieber weniger für sein investiertes Geld bekommen, als theoretisch auch mal einen Verlust hinnehmen zu müssen.

Was viele nicht wissen oder zumindest nicht wahrhaben wollen, ist, dass es auf der Welt keine hundertprozentig sichere Möglichkeit gibt, Geld zu investieren. Ja, so ist es! Sie haben richtig gelesen, es gibt auf der Welt keine absolut sichere Investitionsmöglichkeit (Geldanlage).

Es gibt jedoch Investitionsmöglichkeiten, die als sehr sicher einzustufen sind, weil die zu erwartenden Zahlungen zum einen gesetzlich festgeschrieben sind und zum anderen es Sicherungsmechanismen für den Krisenfall gibt. Hierzu zählt beispielsweise in Deutschland der bei einer Lebensversicherung gesetzlich festgelegte Garantiezins. Er liegt aktuell bei 0,9 % pro Jahr (Stand 2018). Allerdings muss man sich darüber im Klaren sein, dass im Fall einer schweren, branchenübergreifenden Finanzkrise wohl „Vater Staat" als letzter Retter in der Not einspringen und von Insolvenz bedrohte Versicherungsunternehmen retten müsste. Allerdings sind selbst Staaten in der Vergangenheit auch schon oft ausgefallen. Daher gelten viele der früher noch als sehr sicher eingestuften Staatsanleihen heute ebenfalls als risikobehaftet.

Es besteht somit bei jeder Investition zumindest ein gewisses Restrisiko. Hinzu kommt, dass Investitionen, die eine sehr hohe Sicherheit bieten, eine nur geringe Rendite aufweisen. Falls dies nicht der Fall ist, ist das Angebot nicht seriös. Denn es existiert ein unumgänglicher Zusammenhang zwischen Risiko und Rendite. Dieser besagt, dass eine höhere Rendite immer mit einem höheren Risiko einhergeht. Ohne Ausnahmen!

Das Zusammenspiel von Risiko und Rendite

Es kann keine „sichere" Investitionsmöglichkeit geben, die hohe Renditen verspricht. Rendite stellt nämlich eine Art von Entschädigung für den Eingang von Risiken dar. Für Privatinvestoren zeigt sich das Risiko einer Investition – ihre „Gefährlichkeit" – in der Wertschwankung. Je höher das Risiko einer Investition ist, umso stärker kann deren Wertentwicklung im Zeitverlauf schwanken. In der Fachliteratur werden solche Wertschwankungen als Volatilität bezeichnet.[13]

Der Zusammenhang zwischen Risiko und Rendite wird noch deutlicher, wenn man Risiko als mögliche Abweichung von einer erwarteten Rendite begreift.

Grundsätzlich kann nie von einer sicheren Rendite gesprochen werden. Rendite beschreibt immer erwartete Gewinne auf das eingesetzte Kapital. Diese sind jedoch ungewiss und stellen eine Schätzung dar.

Dies bedeutet für Sie, dass Sie jegliche Investitionsmöglichkeit dahin gehend prüfen sollten, wie wahrscheinlich es ist, dass die von Ihnen angestrebte Rendite auch erzielt wird. Das Nichterreichen der Rendite ist ein Investitionsrisiko, das durch unterschiedliche Einflussfaktoren (Risiken) beeinflusst wird.

Risiko gibt somit an, mit welcher Wahrscheinlichkeit die erwartete Rendite eintritt bzw. wie stark diese schwanken kann. Investitionsmöglichkeiten mit „garantierten" Renditen – wie bei einer Lebensversicherung – haben somit lediglich eine hohe Wahrscheinlichkeit, dass die Rendite auch erreicht wird. Dies bedeutet, es gibt keine absolut sicheren Renditen, sondern maximal Renditen, die mit einer hohen Realisierungswahrscheinlichkeit erreicht werden.

---

[13]Volatilität bezeichnet die Schwankungsbreite des Investitionswerts. Mathematisch wird die Volatilität durch das Konzept der Standardabweichung dargestellt. Die Standardabweichung gibt an, wie stark und häufig der Wert einer Investition von einem mittleren Wert in einem festen Zeitraum abweicht. Die erfassten Abweichungen können dabei sowohl positiv als auch negativ sein. Je höher die Volatilität ist – also je stärker die Abweichung vom Mittelwert –, desto größeren Wertschwankungen unterliegt der Wert der Investition. Das Risiko eines Verlustes ist umso höher.

Woraus entsteht Risiko bei einer Investition?
Aus wissenschaftlicher Sicht wird in der Kapitalmarkttheorie das Risiko einer Investition in zwei Komponenten (Risikobeiträge) zerlegt. Es wird zwischen systematischem Risiko und unsystematischem Risiko unterschieden.

Das systematische Risiko beschreibt hierbei den Teil des Gesamtrisikos der Investition, der sich aus dem Markt heraus ergibt und auf alle Investitionen gleichermaßen wirkt. Das unsystematische Risiko hingegen beruht auf spezifischen Faktoren des jeweiligen Investments und wirkt somit nur auf dieses und nicht auf den gesamten Markt.

Systematisches Risiko – Risiko des Marktes
Unter einem systematischen Risiko versteht man ein unabhängig von den gehaltenen Investitionen existierendes Risiko. Es handelt sich damit um ein Risiko, welches von allgemeinen Änderungen oder Ereignissen ausgeht, die auf alle Investitionsobjekte wirken. Hierbei kann es sich zum Beispiel um große Naturkatastrophen, um die Veränderungen der Inflationsrate oder der (Leit-)Zinssätze bzw. generell um politische Veränderungen handeln. Es geht um Ereignisse, die sich auf die erwartete Rendite auswirken und den gesamten Markt betreffen. Dieses Risiko kann durch Optimierung – z. B. Streuung der Investitionen – nicht beseitigt werden. Es besteht immer, unabhängig von den individuell getätigten Investitionen. Die Auswirkungen solcher Risiken können beispielsweise zu einem generellen Abwärtstrend führen, der alle Wertpapiere erfasst.

Unsystematisches Risiko – Risiko des einzelnen Investments
Unsystematische Risiken sind Risiken, die nur auf das jeweilige Einzelinvestment wirken und nicht auf den gesamten Markt. Ein solches Risiko kann zum Beispiel darin bestehen, dass aufgrund von Missmanagement in einem Unternehmen hohe Verluste entstehen oder das Unternehmen durch falsche Geschäftsentscheidungen insolvent wird. Solche unternehmensindividuellen Probleme betreffen nur das eine Unternehmen und nicht den gesamten Markt.

Das Gute ist: Unsystematische Risiken lassen sich vermeiden und durch ein breit gestreutes (gut diversifiziertes) Portfolio bis auf null reduzieren. Um dies zu erreichen, sollte das für Investitionszwecke zur Verfügung stehende Kapital auf verschiedene Investitionsobjekte – deren Werte sich möglichst unabhängig voneinander entwickeln – aufgeteilt werden. Hierzu später mehr im Folgekapitel.

So gehen Sie als Privatinvestor mit Risiken um
Es ist nur verständlich, dass Menschen ihr erspartes Geld nicht verlieren wollen und daher am liebsten kein Risiko bei ihrer Geldanlage eingehen möchten. Allerdings bedarf es zum Erreichen Ihrer persönlichen finanziellen Selbstbestimmung in einem absehbaren Zeitraum mit realistischen Sparbeträgen einer entsprechenden Rendite durch Ihr investiertes Kapital. Mit Investitionen, die als sehr, sehr sicher gelten, ist dies aktuell leider nicht möglich.

Schaut man sich beispielsweise die aktuelle, unter einem Prozent liegende Garantieverzinsung von Lebensversicherungen an, so wird schnell klar, dass mit solchen Verträgen nur mit riesigen monatlichen Sparbeträgen – einige tausend Euro – eine Rente erzielt werden kann, mit der in Zukunft ein finanziell selbstbestimmtes Leben führbar ist. Es bleibt somit quasi keine andere Wahl, als auch Investitionen in Ihre Investitionsstrategie einzubeziehen, die theoretisch höheren Wertschwankungen unterliegen können.

Sie sollten trotzdem bei Ihrer Investitionsauswahl stets darauf achten, dass die eingegangenen Risiken kalkulierbar und überschaubar bleiben. Sie sollten sich keiner sehr hohen Risikoexponierung aussetzen, nur um etwas mehr Rendite zu erwirtschaften. Vielmehr sollten Sie als Privatinvestor auf solche Investitionsmöglichkeiten zurückgreifen, die langfristig eine erwartete Rendite haben, mit der Sie Ihre finanzielle Vision erreichen können, ohne dabei in permanenter Angst vor hohen Investitionsverlusten zu leben.

Um dies zu erreichen, sollten Sie sich den Vorteil zunutze machen, dass das individuelle Risiko einer Investition durch breite Streuung ausgeschlossen werden kann. Hinzu kommt, dass beispielsweise langfristig am Aktienmarkt mit hohen Renditen zu rechnen ist und bei einer entsprechenden Verteilung Ihrer Investitionen auf verschiedene Marktsegmente und Regionen langfristig das Marktrisiko durchaus kontrollierbar wird. Das folgende Kapitel erläutert, wie Sie Ihre Investitionsrisiken wissenschaftlich belegt reduzieren können.

Kapitel 5.3.2.1 in Kürze
Ideen, die Ihr Leben verändern ...

- Jeder Mensch will aufgrund seiner Urinstinkte Schmerz vermeiden und Freude empfinden.
- Die Angst vor Verlusten ist oft so stark, dass für scheinbare Sicherheit ein hoher Rendite-Abschlag hingenommen wird.
- Es gibt auf der Welt keine hundertprozentig sichere Möglichkeit, Geld zu investieren – keine! Es besteht immer ein Restrisiko.
- Es existiert ein unumgänglicher Zusammenhang zwischen Risiko und Rendite.
- Je höher die Rendite, desto höher das Risiko – ohne Ausnahme!
- Rendite beschreibt immer erwartete (ungewisse) Gewinne auf das eingesetzte Kapital.
- Risiko gibt an, mit welcher Wahrscheinlichkeit die erwartete Rendite eintritt bzw. wie stark diese schwanken kann.
- Systematisches Risiko: Risiko, welches von allgemeinen Änderungen oder Ereignissen ausgeht, die auf alle Investitionsobjekte wirken. Dieses Risiko existiert immer.
- Unsystematisches Risiko: Risiken, die nur auf das jeweilige Einzelinvestment wirken und nicht auf den gesamten Markt. Dieses Risiko lässt sich durch eine breite Streuung Ihrer Investitionen bis auf null reduzieren.

Gehen Sie in die Aktion!

- Prüfen Sie bei jeder Investition, wie wahrscheinlich es ist, die von Ihnen angestrebte Rendite auch zu erzielen.
- Achten Sie bei Ihrer Investitionsauswahl stets darauf, dass die eingegangenen Risiken kalkulierbar und überschaubar bleiben.

5.3.2.2 Ohne Diversifikation geht es nicht

Horchen Sie bitte einmal in sich hinein: Was sagt Ihnen Ihr Bauchgefühl, wenn Sie mit dem Gedanken spielen, all Ihr Erspartes in eine Aktie zu investieren? Ja, alles auf eine Karte zu setzen. Ist das nicht eine gute Idee?

Ich gehe stark davon aus, dass Sie – so wie ich und fast alle Menschen – bei diesem Gedanken ein Störgefühl empfinden. Irgendwie ist es uns nicht ganz wohl bei der Sache, alles auf eine Karte zu setzen. Im Leben haben wir vielleicht bei manchen Entscheidungen keine andere Wahl, bei Investitionsentscheidungen hingegen schon. Hier haben wir sogar schier unzählig viele Investitionsmöglichkeiten. Diese sollten wir auch nutzen!

Man hört nicht umsonst immer wieder, dass man für eine erfolgreiche Geldanlage nicht alles auf eine Karte setzen darf, sondern möglichst sein Geld auf verschiedene Investitionen verteilen sollte. Diese allgemein bekannte und intuitive Anlageregel ist nicht neu. Sie wird beispielsweise auch durch die alte Börsenweisheit „Breit gestreut, nie bereut" schon lange im Finanzbereich weitergegeben. Allerdings kommt es immer wieder und gerade bei Privatinvestoren dazu, dass diese einfache Regel missachtet wird.

Einige Leser können sich sicher noch an den Hype um die T-Aktie erinnern. Ich hoffe, nicht schmerzlich. Viele Privatpersonen haben damals kurz vor der Jahrtausendwende aufgrund von Werbung und einer allgemeinen Börsenhysterie ohne Investitionsstrategie und teilweise sogar ohne Wissen, was sie sich da überhaupt kaufen, Telekom-Aktien erworben. Dies alles in dem Glauben, dass diese – damals als Volksaktie bezeichneten – Unternehmensanteile immer weiter im Wert steigen werden. Also quasi als vermeintlich sicherer Weg, um schnell reich zu werden. Dies ging aber nur eine begrenzte Zeit gut, und zwar bis zum Allzeithoch von 104,90 EUR am 6. März 2000. Danach kam der schnelle Absturz der Aktie auf unter 10 EUR. Bis heute hat sich der Kurs nie wieder signifikant erholen können (Wert Juli 2018: unter 14 EUR). Die „Volksaktie" hat das Volk somit oft viel, viel Geld gekostet und eben nicht reich gemacht. Aber ganz ehrlich – auch wenn ich mir jetzt evtl. ein paar Feinde mache: Alles auf eine Karte zu setzen, kann nun einmal auch nach hinten losgehen. Das muss man sich vorher überlegen und ja, oft trügt das Bauchgefühl eben nicht.

Um solche negativen Erfahrungen wie die vieler T-Aktionäre nicht zu machen, ist es wichtig, dass Sie Ihr Geld auf verschiedene Investments verteilen. Diese sollten sich möglichst unterschiedlich voneinander entwickeln. Nur so können mögliche Verluste eines Investments durch andere, steigende Investitionen ausgeglichen werden.

John Tempelton hat einmal einfach, aber mit viel Wahrheit gesagt: „Der einzige Investor, der nicht diversifizieren sollte, ist der, der immer 100 % richtig liegt." Allerdings ist irren menschlich, denn wir können nicht die Zukunft vorhersagen und somit auch nicht, wie sich einzelne Aktien in den nächsten Jahren entwickeln werden. Es bleibt uns daher nur, zu diversifizieren.

Diversifikation – Was ist das eigentlich?
Im Finanzbereich versteht man unter Diversifikation die Streuung des investierten Kapitals auf mehrere Investitionsobjekte. Ziel hierbei ist es, ein Portfolio[14] zusammenzustellen, das im Vergleich zu Einzelinvestitionen das unsystematische Investitionsrisiko (unternehmensindividuelles Risiko) reduziert und gleichzeitig die erwartete Rendite erhöht.

Grundsätzlich ist es wahrscheinlicher, dass hohe Verluste entstehen können, wenn ein Investor nur wenige Einzelinvestments hält, als wenn er an vielen verschiedenen Investitionsobjekten beteiligt ist. Vereinfacht ausgedrückt bedeutet dies: Mit steigender Anzahl von Investitionen verringert sich tendenziell das Gesamtrisiko und Verluste werden unwahrscheinlicher. Lediglich systematische Marktrisiken, die auf alle Investitionen gleichsam wirken, können nicht vollständig vermieden werden. Die Idee dahinter ist, dass der individuelle Verlust einer Investition durch die Gewinne anderer Investitionen ausgeglichen bzw. überkompensiert wird.

---

[14]Unter einem Portfolio versteht man eine Zusammenstellung verschiedener Einzelinvestitionen.

Diese Risikoverteilung kann auf verschiedene Art und Weise erfolgen. Sie können Ihre Investitionen entweder auf verschiedene Branchen, Länder oder Arten von Investitionsmöglichkeiten (Anlageklassen – z. B. Aktien, Immobilien, Rohstoffe oder Anleihen) verteilen. Um eine möglichst große Diversifikation zu erreichen, sollten Sie jedoch diese unterschiedlichen Möglichkeiten miteinander kombinieren. Dies bedeutet beispielsweise: Sie erwerben Aktien und Anleihen von Unternehmen aus verschiedenen Branchen und in verschiedenen Ländern.

Wieso funktioniert Diversifikation überhaupt?
Voraussetzung dafür, dass Diversifikation funktioniert, ist, dass sich die im Portfolio enthaltenen Einzelinvestments nicht immer gleich entwickeln. Die Wissenschaft spricht in einem solchen Fall davon, dass die Einzelinvestments nicht perfekt miteinander korreliert sind. Dies bedeutet, die Wertentwicklung der Einzelinvestments im Portfolio ist voneinander weitestgehend unabhängig. Im Idealfall gibt es sogar keinerlei gegenseitige Abhängigkeit. Eine unabhängige Entwicklung der Investitionen untereinander – also eine geringe Korrelation – bedeutet daher eine gute Diversifikation. In einem solchen Fall kann der Verlust eines Investments durch die Gewinne anderer Investitionen sehr wahrscheinlich ausgeglichen werden. Es ist nämlich äußerst unwahrscheinlich, dass alle Investitionen gleichzeitig an Wert verlieren, da sie auf Umwelteinflüsse unterschiedlich reagieren.

Sind im Portfolio hingegen Investitionen enthalten, die sich gleichförmig entwickeln – also stark miteinander korreliert sind –, dann entsteht ein sogenanntes „Klumpenrisiko" und bei einer negativen Entwicklung droht ein hoher Wertverlust, da alle Investitionen gleichzeitig an Wert verlieren würden.

In Bezug auf Diversifikation liegt der Investitionsfokus somit nicht primär auf dem Risiko und der erwarteten Rendite des jeweiligen Einzelinvestments, sondern vielmehr auf der Zusammensetzung des Portfolios und somit auf dem Risiko- und Renditebeitrag jedes Einzelinvestments zum Portfolio.

Privatinvestoren diversifizieren zu wenig
War der Fall der T-Aktie eigentlich ein Einzelfall oder halten Privatinvestoren oft ein Portfolio, das nicht breit genug diversifiziert und somit stark risikobehaftet ist?

Bereits seit den 1990er Jahren – also vor dem Phänomen der T-Aktie um die Jahrtausendwende – gibt es empirische wissenschaftliche Studien über die tatsächliche Diversifikation von Privatinvestoren. Diese Studien zeigen immer wieder, dass Privatinvestoren häufig nur wenige Investitionen halten. Sie diversifizieren somit zu wenig. So zeigte beispielsweise eine im Jahr 2003 an der Universität Mannheim durchgeführte Studie, dass der typische Privatinvestor nur fünf Aktienpositionen hält (Glaser 2003). Ein gut diversifiziertes Portfolio sollte jedoch mindestens aus ca. zwanzig Positionen bestehen. Darüber hinaus zeigen Studienergebnisse, dass Privatinvestoren meist Aktien von Software- oder Internetfirmen kaufen. Zudem investieren Privatinvestoren vorwiegend in ihr Heimatland. Beides sind Faktoren, die auf eine schlechte Diversifikation hinweisen.

Anscheinend fühlen sich Privatinvestoren bei einer Investition in ihren Heimatmarkt sicherer (Home Bias). Es gibt keine Sprachbarrieren oder höhere Handelsgebühren wie beim Kauf von Aktien im Ausland. Zudem überschätzen Privatinvestoren offenbar ihre Kenntnisse des Heimatmarktes, da sie die Unternehmen dort vermeintlich besser kennen (Kilka und Weber 2000). Ja, vielleicht sind sie dort sogar Kunde. Zudem ist es für Privatinvestoren schwer, die erwartete Rendite und das Risiko sowie die Korrelation zum Gesamtportfolio eines spezifischen Investments zu schätzen. Dies alles macht Privatinvestoren anfällig für eine zu geringe Diversifikation. Hinzu kommt, dass vielen Privatinvestoren auch schlicht und einfach das Wissen über Diversifikation fehlt und sie daher keine Alternative kennen, um diese Fehler zu umgehen.

Verantwortlich dafür sind neben der mangelnden staatlichen Finanzbildung auch die sogenannten „Fachzeitschriften" zum Thema Geldanlage und Börse. In diesen werden immer wieder Musterportfolios dargestellt, die weniger als oder gerade einmal um die zehn Aktien umfassen. So wird unterschwellig suggeriert, dass solche Musterportfolios ausreichend diversifiziert seien. Sie sind ja von „Experten" zusammengestellt. Dies ist allerdings, wenn es sich um Einzelaktien handelt, nicht der Fall. Dabei ist heutzutage eine breite Diversifizierung auch für Privatinvestoren nicht schwer. Jeder kann schon mit kleinen Beträgen und mittels Sparplan Indexprodukte kaufen und sich so durch Beteiligung an einer Vielzahl von Unternehmen breit aufstellen. Dies ist ohne Probleme auch über Länder und Branchen hinweg möglich. Aber reicht dies das auch wirklich aus, um die Vorteile von Diversifikation auszunutzen?

Nach welchen Regeln soll ich denn nun diversifizieren?
Um Diversifikation umzusetzen, gibt es verschiedenste Ansätze. Diese reichen von der mit dem Nobelpreis honorierten Portfoliotheorie von Harry Markowitz bis hin zu sehr einfachen Ansätzen – wie der Naiven Diversifikation. Die Idee hinter dem Ansatz der Naiven Diversifikation ist, dass ein Investor sein Geld zu gleichen Teilen in verschiedene Anlagen investiert – also zum Beispiel fifty-fifty.

Würde solch ein einfacher Ansatz ausreichen, um nahe an eine optimale Vermögensaufteilung heranzukommen, und vergleichbare Ergebnisse erzielen wie wissenschaftliche Ansätze, so wäre Diversifikation wirklich für jedermann problemlos umsetzbar.

Die gute Nachricht ist: Wissenschaftliche Studien haben gezeigt, dass komplexe mathematische Optimierungsmodelle in der Realität keine besseren Resultate liefern als einfache Diversifikationsstrategien, die auch Privatinvestoren ohne Spezialwissen problemlos umsetzen können.

So zeigte beispielsweise eine Studie (DeMiguel et al. 2009) der London Business School, der Universität of Texas und des Centre for Economic Policy Research in London aus dem Jahr 2009, dass keines der 14 in der Studie getesteten finanzmathematischen Modelle in Bezug auf Rendite oder Sicherheit besser abschnitt als der Ansatz der Naiven Diversifikation (1/N-Portfolio). Die getesteten finanzmathematischen Modelle waren erst bei sehr langen historischen Datenreihen dem 1/N-Portfolio überlegen. Die bessere Performance trat bei 25 Investments erst nach 250 Jahren und bei 50 Investments erst nach 500 Jahren ein, somit nach einem Zeitraum, der für Privatanleger irrelevant ist.

Eine andere Studie (Jacobs et al. 2014), diesmal von Wissenschaftlern der Universität Mannheim aus dem Jahr 2014, zeigte, dass der Einbezug zusätzlicher Anlageklassen in der Regel für die Diversifikation sehr vorteilhaft ist. Aus diesem Grund sollten auch Privatinvestoren nicht nur eine Anlageklasse halten. Die Studie zeigte weiterhin, dass, solange das gehaltene Portfolio nicht stark auf eine Anlageklasse konzentriert ist, jede Form der Naiven Diversifikation zu einer besseren Diversifikation führt. Die Wissenschaftler schlagen daher als Ergebnis für Privatanleger einen einfachen kosteneffizienten Ansatz als Investitionsstrategie vor.

Insgesamt gesehen können Sie aus wissenschaftlicher Sicht Ihre Anlagen einfach diversifizieren, indem Sie diese zum einen über verschiedene Anlageklassen verteilen und zum anderen Ihr Geld nach dem Ansatz der Naiven Diversifikation auf verschiedene Einzelinvestments aufteilen. Wenn Sie statt einzelner Aktien zum Beispiel Indexprodukte wie ETFs kaufen, dann investieren Sie ohnehin automatisch in eine Vielzahl von Unternehmen aus unterschiedlichsten Branchen.

Und übrigens …
Für seine eigenen Investitionen wählte Harry Markowitz – Entdecker der nobelpreisprämierten Portfolio-Theorie – eine einfache Regel: *Die Hälfte des Geldes in Aktien, die andere in verzinsliche Wertpapiere …* Schon war er zufrieden!

Der Nobelpreisträger William Sharp sieht die Sache ähnlich und empfiehlt, dass Privatinvestoren für ihre Altersvorsorge breit diversifiziert in Aktien und Anleihen aus der ganzen Welt investieren sollten. Für ihn lässt sich dies am einfachsten mit Indexprodukten (ETFs) umsetzen.

Kapitel 5.3.2.2 in Kürze
Ideen, die Ihr Leben verändern ...

- Börsenweisheit: „Breit gestreut, nie bereut."
- Diversifikation bedeutet die Streuung Ihres investierten Kapitals auf mehrere Investitionsobjekte.
- Ziel von Diversifikation ist die Reduzierung des Anlagerisikos.
- Die Idee hinter Diversifikation ist, dass der individuelle Verlust einer Investition von den Gewinnen anderer Investitionen ausgeglichen bzw. überkompensiert wird.
- In Bezug auf Diversifikation liegt der Investitionsfokus auf der Zusammensetzung des Portfolios.
- Bei Diversifikation geht es um den Risiko- und Renditebeitrag jedes Einzelinvestments zum Portfolio.
- Ziel ist es, Investitionen zu tätigen, deren Wertentwicklung möglichst unabhängig voneinander ist.
- Wissenschaftliche Studien belegen: Privatinvestoren diversifizieren zu wenig.
- Wissenschaftliche Studien belegen, dass einfache Diversifikationsstrategien (1/N-Ansatz) genauso effektiv sind wie komplexe mathematische Optimierungsmodelle.

Gehen Sie in die Aktion!

- Nutzen Sie die Chance, durch breite Streuung Ihrer Investitionen das unsystematische Risiko einer Investition auszuschalten.
- Diversifizieren Sie Ihre Investitionen über Branchen, Länder und Arten von Investitionsmöglichkeiten.
- Machen Sie es sich einfach und diversifizieren Sie naiv (1/N-Ansatz).

5.3.2.3 Market-Timing funktioniert nicht

Wäre es nicht schön, wenn wir einen Weg finden könnten, die Aktienkurse von morgen vorherzusagen? Wir könnten über Nacht reich werden und somit von heute auf morgen unsere finanzielle Selbstbestimmung erreichen. Aber leider hat noch niemand die Formel hierfür gefunden. Warum eigentlich nicht?

Der zukünftige Preis einer Aktie

Aus wissenschaftlicher Sicht kann man den Aktienkurs von morgen als den Aktienkurs von heute plus einem sogenannten „Drift" und einer Zufallskomponente beschreiben. Was bedeutet dies?

Logisch ist, dass der Schlusskurs von heute der Anfangskurs von morgen ist. Wie sich dann der Kurs im morgigen Tagesverlauf entwickelt, ist heute noch unbekannt. Er wird zum einen von einem Phänomen beeinflusst, dass als „Drift" bezeichnet wird. Dies bedeutet, dass der Aktienkurs sich tendenziell eher in die Richtung bewegen wird, in die er sich in der Vergangenheit bewegt hat. Drift bezeichnet somit den „Trend einer Aktie". Dieses Trendmaß beschreibt die durchschnittliche Kursänderung für einen gewissen Zeitraum in der Vergangenheit.

Es ist in verschiedenen Studien wissenschaftlich belegt worden, dass Aktien, die in der jüngeren kürzeren Vergangenheit eine positive Wertentwicklung aufwiesen, sich auch in der näheren Zukunft tendenziell besser entwickeln als Aktien, die zuletzt an Wert verloren hatten. Dieses Phänomen wird auch als Momentum-Effekt bezeichnet.

Der Momentum-Effekt

Amerikanische Wissenschaftler haben bereits im Jahr 1993 den Momentum-Effekt auf dem US-amerikanischen Aktienmarkt untersucht. Sie konnten nachweisen, dass Aktien, die zuletzt Gewinne erzielten, in der Zukunft tendenziell besser abschnitten als Verliereraktien aus der Vergangenheit (Jegadeesh und Titman 1993).

Für den deutschen Aktienmarkt untersuchten Wissenschaftler im Jahr 2003 an der Universität Mannheim in einer umfangreichen Studie den Momentum-Effekt. Diese Studie belegte ebenfalls, dass Gewinneraktien der letzten sechs Monate in den nächsten sechs Folgemonaten besser abschnitten als Verliereraktien – hier im Durchschnitt um ca. 0,6 % (Glaser und Weber 2003).

Eine Dissertation an der Universität Kassel untersuchte im Jahr 2014 den Momentum-Effekt für den europäischen Aktienmarkt im Zeitraum von 1991 bis 2010 und konnte diesen ebenfalls bestätigen (Gränitz 2014).

Die vergangene Kursentwicklung scheint somit die zukünftigen Aktienkurse zu beeinflussen.

Zufall gehört auch immer dazu
Hätte nur die vergangene Entwicklung des Aktienkurses einen Einfluss auf die zukünftige Kursentwicklung, so wäre es vielleicht sogar möglich, Modelle zu entwickeln, die Aktienkurse vorhersagen. Allerdings beeinflusst noch ein weiterer wichtiger Faktor die Kursentwicklung von Aktien. Dieser Einflussfaktor kann vereinfacht als „Zufall" beschrieben werden und er macht das Vorhersagen unmöglich. Er umfasst alle Kursänderungen, die aufgrund von neuen – bis heute noch unbekannten – Informationen entstehen. Es geht somit darum, welche Informationen schon im Aktienkurs eingepreist sind und welche noch nicht.

Informationseffizienz oder warum der Markt immer Recht hat
Die sogenannte Effizienzmarkthypothese wurde schon 1970 von Eugene Fama entwickelt. Dieser wurde später zusammen mit Robert J. Shiller und Lars Peter Hansen für seine Forschungen über die Effizienz von Märkten mit dem Nobelpreis für Wirtschaftswissenschaften ausgezeichnet. Die Effizienzmarkthypothese besagt, dass Finanzmärkte effizient sind, wenn alle vorhandenen Informationen bereits in den Marktpreisen eingepreist sind. Sie unterscheidet zwischen drei Stufen:

▶ **Schwache Informationseffizienz:**
Alle Informationen aus der Vergangenheit sind in aktuellen Marktpreisen enthalten.

▶ **Mittelstarke Informationseffizienz:**
Alle aus der Vergangenheit und alle öffentlich verfügbaren Informationen sind unmittelbar und vollständig in aktuellen Marktpreisen enthalten.

▶ **Starke Informationseffizienz:**
Alle Informationen sind unmittelbar und vollständig in aktuellen Marktpreisen enthalten.

Herrscht starke Informationseffizienz, so kann kein Marktteilnehmer dauerhaft Überrenditen zum Markt erzielen.

Die Theorie ist ja schön und gut, aber wie sieht es denn nun in der Realität aus? Welche der drei Stufen beschreibt die Situation an den heutigen Finanzmärkten am ehesten?

Dieses ist ganz klar die mittelstarke Informationseffizienz. Es ist intuitiv, dass alle Informationen aus der Vergangenheit bekannt sind und somit auch in den Marktpreisen enthalten sein sollten. Die schwache Informationseffizienz ist also absolut unstrittig. Hinzu kommt, dass jeder Investor, der es möchte, sich umfassend über ein Unternehmen informieren kann. Er kann dank des Internets sehr leicht alle öffentlich zugänglichen Informationen zu einem Unternehmen herausfinden. Es kann somit angenommen werden, dass auch die mittelstarke Informationseffizienz gegeben ist. Gegen die starke Informationseffizienz spricht hingegen, dass es beispielsweise Vorstandsmitglieder gibt, die über sogenannte Insiderinformationen verfügen. Vorstände und deren enge Vertraute wissen frühzeitig vor öffentlicher Bekanntgabe über Entscheidungen Bescheid, die den Kurs einer Aktie beeinflussen können. Diese Information ist somit nicht unmittelbar und vollständig in den Marktpreisen enthalten. Die starke Informationseffizienz ist daher nicht gegeben.

Dies alles bedeutet, dass sich Aktienkurse dann ändern, wenn neue, zuvor noch unbekannte Informationen an die Öffentlichkeit kommen. Informationen, die zukünftig der breiten

5.3 Wie Sie zielgerichtet Vermögen aufbauen

Öffentlichkeit bekannt werden, sind heute jedoch unbekannt und von Nicht-Insidern auch nicht vorhersehbar. Das Auftauchen neuer Informationen ist somit zufällig und kann weder von Finanzexperten noch von Wissenschaftlern exakt vorhergesagt werden.

Allerdings wurde trotz dieses wissenschaftlichen Fakts eine Vielzahl von Methoden und Ansätzen entwickelt, um zukünftige Kursverläufe von Aktien vorherzusagen. All dies ist jedoch reines Glaskugellesen. Sie können also alle bekannten Ansätze, wie die Charttechnik[15] oder jegliche andere Methode, die durch (vergangene) Informationen angeblich den optimalen Zeitpunkt zum Kauf einer Aktie bzw. die sichere Auswahl von Aktien, die in Zukunft im Wert steigen werden, vorhersagt, getrost außer Acht lassen. Aktienkurse entwickeln sich völlig zufällig. Tage mit positiven und Tage mit negativen Renditen wechseln sich in unvorhersehbarer Reihenfolge ab (Random Walk). Niemand kann Aktienkurse systematisch vorhersagen.

Nehmen wir einmal an, Sie würden mit absoluter Sicherheit wissen, dass eine bestimmte Aktie viel zu hoch bewertet ist bzw. eine andere Aktie viel höher bewertet sein müsste. Dies bedeutet aber noch nicht, dass Sie mit diesem Wissen auch Gewinne erzielen werden. Nur wenn der Markt diese Informationen aufnimmt und darauf so reagiert, wie Sie es sich denken, dass er es tut, wird die Kursentwicklung eintreten, die Sie erwarten – ansonsten nicht. Dabei ist es egal, ob Sie objektiv betrachtet recht haben oder nicht. Denn der Markt hat immer recht oder wie es John Maynard Keynes einmal ausdrückte: „Die Märkte können länger irrational bleiben als man selber liquide."

Die Börse ist eben wie das reale Leben: Von heute auf morgen kann sich alles ändern – oder besser gesagt: *Die Börse ist Spiegelbild des realen Lebens.*

---

[15]Die Charttechnik ist eine Analysemethode, die auf der Basis von historischen Daten zum Kursverlauf einer Aktie versucht, den optimalen Kauf- bzw. Verkaufszeitpunkt zu ermitteln. Es wird versucht, den zukünftigen Kursverlauf vorherzusagen.

Was bedeutet dies für Sie als Privatinvestor?
Wenn niemand Börsenkurse treffsicher vorhersagen kann, dann macht es auch wenig Sinn, sich über den optimalen Zeitpunkt zum Kauf von Aktien Gedanken zu machen. Den optimalen Zeitpunkt kann ich nämlich nur ermitteln, wenn ich weiß, wie sich der Aktienkurs in Zukunft entwickelt. Aktienkursprognosen sind jedoch reine Spekulation.

Heißt dies nun, dass ich als Privatinvestor jederzeit beginnen kann zu investieren? Die gute Antwort lautet: ja! – und das ist das Schöne an der Sache. Denn „Market Timing" – die Vorhersage eines optimalen Kaufzeitpunkts – funktioniert nicht. Sie müssen sich also keine Gedanken machen, wann Sie damit beginnen, Ihr Geld zu investieren. Solange Sie einen langfristigen Anlagehorizont haben, werden Sie mit hoher Wahrscheinlichkeit Geld verdienen (Abschn. 5.3).

Das Einzige, was Sie hinsichtlich des Zeitpunkts beachten sollten, ist: Je früher Sie damit beginnen, zielgerichtet zu investieren und so Vermögen aufzubauen, desto länger kann der Zinseszinseffekt wirken und desto früher erreichen Sie Ihre finanzielle Selbstbestimmung.

Mein Rat: Fangen Sie so früh es geht damit an, Geld am Kapitalmarkt zu investieren. Jedoch nicht, bevor Sie Ihren finanziellen Schutz erreicht haben (Abschn. 4.1; Kap. 5).

Wenn Market-Timing irrelevant für einen Privatinvestor ist, dann stellt sich jedoch immer noch die Frage, worin ein Privatinvestor investieren sollte. Macht es Sinn, gezielt nach unterbewerteten Aktien zu suchen, oder kann ich es mir auch einfach machen und in den gesamten Aktienmarkt investieren, ohne vorher aufwendige Analysen zu betreiben? Diese Frage beantwortet das nächste Kapitel.

Kapitel 5.3.2.3 in Kürze
Ideen, die Ihr Leben verändern ...

- Aktienkurse entwickeln sich völlig zufällig, sie sind nicht vorhersagbar.
- Tage mit positiven und Tage mit negativen Renditen wechseln sich in unvorhersehbarer Reihenfolge am Kapitalmarkt ab (Random Walk).
- Der zukünftige Preis einer Aktie ist der Preis heute plus eine Trendbewegung und Zufall.
- Es macht wenig Sinn, sich über den optimalen Zeitpunkt zum Kauf von Aktien Gedanken zu machen.
- Für Privatinvestoren ist es nicht entscheidend, wann sie investieren. Solange sie einen langfristigen Anlagehorizont haben, werden sie mit hoher Wahrscheinlichkeit Geld verdienen.
- Je früher Sie beginnen, zielgerichtet zu investieren, desto länger kann der Zinseszinseffekt wirken und desto früher erreichen Sie Ihre finanzielle Selbstbestimmung.

Gehen Sie in die Aktion!

- Beginnen Sie zu investieren! Beginnen Sie jedoch erst, wenn Sie finanziellen Schutz erreicht haben.

5.3.2.4 Stock-Picking funktioniert nicht

Um am Kapitalmarkt zu investieren, hat man als Privatinvestor verschiedenste Möglichkeiten. Sie können beispielsweise selbst einzelne Aktien oder Anleihen auswählen und kaufen oder aber Sie setzen auf Finanzprodukte, die dann wiederum in Aktien oder Anleihen investieren – sogenannte Investmentfonds[16]. Da der durchschnittliche Privatinvestor im Normalfall nicht über umfangreiches Fachwissen zur Bewertung von Unternehmen verfügt, erscheint es durchaus sinnvoll, zunächst zu prüfen, ob die Investition in Fonds eine sinnvolle Investitionsmöglichkeit ist. Allerdings gibt es hier eine riesige Auswahl. Es ist somit alles andere als trivial, zu entscheiden, welcher Fonds der richtige ist. Dieses gigantische Fonds-Angebot lässt sich grob in zwei Arten unterteilen: aktiv und passiv gemanagte Fonds.

Aktiv gemanagte Fonds haben das Ziel, einen Benchmark – einen Vergleichsindex, zum Beispiel den DAX – zu schlagen und eine höhere Rendite zu erwirtschaften als dieser Index. Ein Fondsmanager entscheidet darüber, in welche Wertpapiere der Fonds investiert. Die Idee dahinter ist, dass der Fondsmanager durch Analyse von Einzelwerten ein Portfolio zusammenstellen kann, das sich besser entwickelt als der Vergleichsindex, also den Vergleichsindex in seiner Wertentwicklung schlägt. Darüber hinaus sollen aktiv gemanagte Fonds schnell auf Marktschwankungen reagieren können und so eine bessere Rendite erzielen. Die Kosten für solche Fonds liegen bei bis zu drei Prozent im Jahr und je nach Fonds muss bei Kauf einmalig ein sogenannter Ausgabeaufschlag von bis zu fünf Prozent des investierten Kapitals gezahlt werden. Dieser kann jedoch auch entfallen.

---

[16]Bildhaft ausgedrückt ist ein Investmentfonds vergleichbar mit einem großen Sammelbecken, in das viele (private und institutionelle) Investoren Geld hineingeben. Die gebündelten Gelder werden dann in verschiedene Vermögenswerte investiert. In welche Vermögenswerte – z. B. Aktien, Anleihen, Immobilien, Rohstoffe etc. – investiert wird, hängt von der Investitionsstrategie des Fonds ab. Die Anlage der in den Fonds eingezahlten Gelder erfolgt durch die Fondsgesellschaft gemeinschaftlich für die Investoren. Erträge werden entsprechend den Fondsanteilen den Investoren gutgeschrieben.

Passiv gemanagte Fonds hingegen bilden einen Index lediglich ab. Hier gibt es keinen Fondsmanager, der aktiv Wertpapiere auswählt. Indexfonds umfassen die Wertpapiere, die im abgebildeten Index enthalten sind – nicht mehr und nicht weniger. Diese Fonds entwickeln sich somit parallel zum jeweils abgebildeten Index und unterliegen den gleichen Wertschwankungen wie der Index selbst. Diese Fonds können nie besser sein als die Wertentwicklung des von ihnen nachgebildeten Index, aber auch nicht schlechter. Als Investor verdienen Sie somit immer die Marktrendite abzüglich Kosten. Die Kosten sind im Vergleich zum aktiv gemanagten Fonds wesentlich geringer und betragen meist weniger als ein halbes Prozent pro Jahr. Es gibt also erhebliche Unterschiede. Welche Art von Fonds ist denn nun besser für Privatinvestoren?

Aktiv gemanagte Fonds kaufen – ja oder nein?
Schaut man sich die Vielzahl an existierenden wissenschaftlichen Studien zur Performance von aktiv gemanagten Fonds an, so zeigen die Studienergebnisse ein düsteres Bild. Sie belegen nämlich, dass aktiv gemanagte Fonds meist nicht besser sind als ihr Vergleichsindex. Nur die wenigsten schaffen es, ihren Vergleichsindex mittel- oder langfristig zu schlagen. Die Rendite liegt in vielen Fällen im negativen Bereich. Spätestens nach Abzug der Fondskosten wird der Vergleichsindex nur in wenigen Ausnahmefällen geschlagen. Es ist keine höhere Rendite als die des Vergleichsindex zu erwarten. Insgesamt ist es also nicht empfehlenswert, aktiv gemanagte Fonds zu kaufen.

Lassen Sie daher die Finger von aktiv gemanagten Fonds und investieren Sie lieber in Indexfonds (z. B. ETFs). Sie können im Vergleich eine wesentlich höhere Rendite erwarten. Alternativ könnten Sie natürlich auch selbst vielversprechende Aktien identifizieren und in diese investieren. Allerdings ist fraglich, ob Sie wirklich besser als der Markt sein werden – sehr wahrscheinlich nicht. Es sei denn, Sie haben eine erfolgreiche, bis dato noch nicht öffentlich bekannte Analysemethode entwickelt. Dann würden Sie aber wahrscheinlich nicht dieses Buch lesen. Daher machen Sie es sich einfach und investieren Sie in Indexfonds.

Tab. 5.2 Beispiele für Studien zur Fondsperformance

Studie	Kurzbeschreibung
Luck versus Skill in the Cross Section of Mutual Funds Return (Fama und Kenneth 2010)	Stichprobe: Fonds von 1984 bis 2004 mit Schwerpunkt US-Aktien Alle Fonds erzielen eine **Minderrendite gegenüber Vergleichsindex** in etwa der Höhe ihrer eigenen Kosten (ohne Transaktionskosten & Steuern)
Lohnt aktives Fondsmanagement aus Anlegersicht? (Griese und Alexander 2003)	Stichprobe: 123 Aktienfonds von 1980 bis 2000 in Deutschland Vergleich unterschiedlicher Anlagestile **Minderrendite in jedem Anlagestil zwischen 1,2 und 1,5 % pro Jahr**
The efficient market hypotheses and its critics (Malkiel 2003)	Stichprobe: 355 Aktienfonds von 1979 bis 2001 in den USA **98 % der Fonds erzielten eine Minderrendite**

Tab. 5.2 stellt die Ergebnisse einiger Studien vor, die zu diesem Thema durchgeführt wurden.

Selbst Warren Buffett – ein Star-Investor, der mit der Auswahl von Einzelaktien zum Multi-Milliardär wurde – schreibt in einem Brief an seine Aktionäre:

> My advice (…) could not be more simple: Put 10% of the cash in shortterm government bonds and 90% in a very low-cost S&P 500 index fund. (…) I believe the trust's long-term results from this policy will be superior to those attained by most investors – whether pension funds, institutions, individuals – who employ high fee managers … (BERKSHIRE HATHAWAY INC 2014).

Er schlägt also vor, dass man sein Geld ganz einfach investieren soll: 10 % in Staatsanleihen mit kurzfristiger Laufzeit und 90 % in einen kostengünstigen S&P-500[17]-Indexfonds. Buffett geht davon aus, dass man mit dieser Strategie eine bessere Per-

---

[17] Der S&P 500 (Standard & Poor's 500) ist ein Aktienindex, der die 500 größten börsennotierten US-amerikanischen Unternehmen umfasst.

formance erreicht als die meisten Einzelpersonen, institutionellen Anleger und Pensionskassen.

So viel zu für Privatinvestoren interessante wissenschaftliche Erkenntnisse aus der Kapitalmarktforschung. Lassen Sie uns nun schauen, wie Sie diese Erkenntnisse nutzen können, um finanzielle Selbstbestimmung durch passives Einkommen zu erreichen (Abschn. 5.3.3).

> **Kapitel 5.3.2.4 in Kürze**
> **Ideen, die Ihr Leben verändern …**
>
> - Die aktive Auswahl von Einzelwerten ist langfristig meist nicht besser als die Investition in den Gesamtmarkt.
> - Wissenschaftliche Studienergebnisse zeigen: Fondsmanager von aktiv gemanagten Fonds können meist keine höhere Rendite erzielen als die Marktrendite des Vergleichsindex.
> - Insgesamt ist es nicht empfehlenswert, in aktiv gemanagte Fonds zu investieren.
>
> **Gehen Sie in die Aktion!**
>
> - Investieren Sie nicht in aktiv gemanagte Fonds.
> - Investieren Sie in Indexfonds – ETFs!

5.3.3 Die Global-Trend-ETF-Strategie

Die in diesem Kapitel vorgestellte Investitionsstrategie ist für die zweite Phase auf Ihrem Weg zur finanziellen Selbstbestimmung konzipiert – den Aufbau Ihres Vermögens. Sie ist nicht dafür geeignet, um mit Geldern, die für Ihren finanziellen Schutz bestimmt sind, zu investieren. Diese sollten Sie besser auf einem Tagesgeldkonto vorhalten (Abschn. 4.1; Kap. 5).

Unabhängig davon, ob Sie die in diesem Kapitel vorgestellte Investitionsstrategie für sich umsetzen möchten oder nicht, sollte die von Ihnen gewählte Investitionsstrategie die nachfolgend zusammengefassten Aspekte berücksichtigen.

Was muss eine Investitionsstrategie leisten?
Für das Erreichen Ihrer finanziellen Selbstbestimmung sollten Sie grundsätzlich langfristig orientiert investieren und nicht kurzfristig spekulieren Abschn. 5.3). Nur so können Sie ruhig schlafen und müssen nicht Angst haben, viel Geld über Nacht zu verlieren. Sie sollten immer verstehen, in was Sie investieren und was die Risiken hierbei sind (Abschn. 5.3). Nur wenn Sie verstehen, in was Sie investieren, können Sie fundierte Entscheidungen treffen. Verstehen Sie dies hingegen nicht, dann sind Sie im Blindflug.

Um flexibel zu bleiben und auf Veränderungen reagieren zu können, sollten Sie keine Sparverträge abschließen, die Sie zu monatlichen Zahlungen verpflichten (Abschn. 4.2). Ihre monatliche Sparrate sollte flexibel investiert werden können. Nur so können Sie auf Veränderungen reagieren. Sie sollten stets bei allen Investitionen auf die Kostenseite achten. Die einfachste Möglichkeit, Ihre Rendite zu erhöhen, ist Kosten zu senken. Dies gilt nicht nur bei der Wahl Ihres Portfolios, sondern auch bei der Auswahl Ihrer Investments (Abschn. 4.2). Die Auswahl Ihrer Investitionen sollte stets auf der zu erwartenden Rendite sowie dem damit einhergehenden Investitionsrisiko basieren. Hier bietet sich für ein Erfolg versprechendes Chancen-Risiko-Profil die Investition in Aktien an. Keine andere Investitionsmöglichkeit bietet bei einer langfristigen Anlage eine ähnlich hohe zu erwartende Rendite bei zugleich überschaubarem Risiko Abschn. 5.3).

Neben diesen eher generellen und logischen grundlegenden Eigenschaften sollte Ihre Investitionsstrategie auch noch die in den Vorkapiteln beschriebenen wissenschaftlichen Erkenntnisse berücksichtigen. Durch Beachtung dieser Erkenntnisse können Sie Ihr Investitionsrisiko minimieren und gleichzeitig die zu erwartende Rendite Ihrer Investments erhöhen.

Sie sollten daher nie alles auf eine Karte setzen und all Ihr Geld in ein Investment stecken. Vielmehr sollten Sie breit diversifizieren – Ihr Geld auf verschiedene Investments aufteilen. Hierbei bedarf es keiner komplexen hoch mathematischen Modelle, sondern der einfache Ansatz der Naiven Diversifikation (1/N-Ansatz) reicht vollkommen aus. Sie sollten bei der Umsetzung der Naiven Diversifikation sowohl über Anlageklassen hinweg – also zum Beispiel in Aktien und Anleihen – investieren als auch innerhalb der gewählten Anlageklassen in verschiedene Regionen und Branchen. Sie sollten nicht versuchen, den optimalen Anlagezeitpunkt für große Einmalinvestitionen abzupassen, sondern vielmehr kontinuierlich (monatlich) in Vermögenswerte investieren. Wenn überhaupt, würden Sie nur mit Glück den besten Zeitpunkt treffen. Die zukünftige Wertentwicklung am Kapitalmarkt ist nämlich zufällig und daher nicht vorhersehbar. Sie sollten in den Gesamtmarkt investieren und nicht darauf setzen, dass Sie oder ein Fondsmanager durch Analyse angeblich unterbewertete Aktien identifizieren und so langfristig eine Überrendite über der Marktentwicklung erzielen. Studien belegen, dass dies nur in sehr wenigen Ausnahmefällen gelingt.

Die Global-Trend-ETF-Strategie
Ziel der Global-Trend-ETF-Strategie ist es, Ihnen eine einfache, umsetzbare Investitionsstrategie an die Hand zu geben, die Ihnen einen strukturierten Vermögensaufbau bei bereits geringem monatlichem Investitionsvolumen ermöglicht. Die Strategie setzt die im vorherigen Abschnitt erläuterten essenziellen Eigenschaften einer Investitionsstrategie um und berücksichtigt zentrale wissenschaftliche Erkenntnisse für Privatinvestoren.

Die Global-Trend-ETF-Strategie verfolgt im Wesentlichen vier Investitionsziele:

- Erstens soll frühzeitig ein **passives Einkommen** durch Ausschüttungen aufgebaut werden. Die Ausschüttung wird während der Ansparphase wieder angelegt. Bei Erreichen Ihrer finanziellen Selbstbestimmung sind die Ausschüttungen das Einkommen, das es Ihnen ermöglicht, Ihre Träume selbstbestimmt zu verwirklichen.
- Zweitens wird durch die **Streuung** der monatlichen Investitionsart **über mehrere Anlageklassen, Regionen und Branchen** das Investitionsrisiko reduziert. Alle Anlagen zielen auf eine global ausgerichtete Diversifikation ab. Sie sind somit nicht von der Wertentwicklung weniger Investitionen abhängig, sondern breit aufgestellt.
- Drittens zielt die Übergewichtung von Investitionen in Aktien auf eine **langfristige Partizipation an der Wertentwicklung des globalen Aktienmarkts** ab. Hierdurch kann mit einer langfristig zu erwartenden Wertentwicklung von sieben bis zehn Prozent gerechnet werden Abschn. 5.3) („Vermögensaufbaumotor").
- Viertens werden Chancen für hohe Gewinne generiert, indem **gezielt in Trends investiert** wird, die wahrscheinlich in Zukunft das Leben der Menschheit verändern werden („Vermögensbooster").

Überblick Global-Trend-ETF-Strategie: Investitionsziele

- Generierung von passivem Einkommen
- Globale Diversifikation über Anlageklassen, Regionen und Branchen hinweg
- Partizipation an der langfristigen Wertentwicklung des globalen Aktienmarkts („Vermögensaufbaumotor")
- Schaffung von Chancen für hohe Gewinne durch Investition in zukünftige Trends („Vermögensbooster")

Um die dargelegten Ziele umzusetzen, schlage ich Ihnen vor, dass Sie Ihr Geld mittels Exchange-Traded Funds (ETFs) langfristig per monatlichen Sparplan investieren. ETFs sind passiv gemanagte Fonds, die einen Index nachbilden. Die Kostenstruktur von ETFs ist sehr günstig und die zu erwartende Rendite entspricht der des abgebildeten Index. Sie kaufen sozusagen den Markt. Langfristig können Sie somit eine bessere Rendite erwarten als bei einer Investition in aktiv gemanagte Fonds bzw. durch Stock-Picking.

Investieren Sie nicht nur in einen ETF, sondern teilen Sie Ihren monatlichen Investitionsbetrag auf. Sie erhöhen so Ihre Diversifikation und reduzieren Ihr Anlagerisiko. Wenn Sie sowohl in Aktien- als auch in Anleihen-ETFs investieren, diversifizieren Sie Ihre Investments zum einen über zwei Anlageklassen und zum anderen über eine Vielzahl von Unternehmen. Ein ETF investiert nämlich in eine Vielzahl von Einzelwerten. Ein ETF auf den DAX investiert beispielsweise in die dreißig größten am deutschen Aktienmarkt gelisteten Unternehmen aus verschiedenen Branchen. Wenn Sie ergänzend in ETFs aus anderen Regionen (z. B. Nord-Amerika oder Asien) investieren, dann diversifizieren Sie Ihre Investitionen zusätzlich global. Sie können so durch eine an einer Hand abzählbare Anzahl an Sparplänen eine umfassende Diversifikation über Anlageklassen, Branchen und geografische Regionen erreichen.

Nutzen Sie die Vorteile von ETF-Sparplänen. Diese sind monatlich kündbar und die Höhe der Investitionsbeträge ist frei anpassbar. Im Normalfall sind ETF-Sparpläne schon ab 50 EUR im Monat möglich. Viele Online-Banken bieten sogar ETF-Sparpläne ohne Ordergebühren an.

Idealerweise sind die von Ihnen gewählten ETFs ausschüttend. Dies bedeutet, dass Erträge aus den Wertpapieren, die der ETF hält, an die Investoren des ETF (also Sie) ausgezahlt werden. Ist dies nicht der Fall und der ETF legt die Erträge selbst wieder an, so spricht man von thesaurierenden ETFs.

Durch den Kauf von ausschüttenden ETFs bauen Sie ein „passives" Einkommen auf. Sie erhalten so von Anfang an Erträge aus Ihren Investments, ohne dafür arbeiten zu müssen. Diese sollten Sie so lange reinvestieren, bis Sie Ihre persönliche finanzielle Vision erreicht haben. Danach können Sie sich die Erträge auszahlen lassen. Thesaurierende ETFs generieren hingegen kein „passives" Einkommen, da sie nicht ausschütten. Um finanzielle Selbstbestimmung durch passives Einkommen zu erreichen, sind ausschüttende ETFs somit die erste Wahl.

Ein weiterer Vorteil ausschüttender ETFs ist, dass Sie die Erträge frei investieren und so Ihr Portfolio weiter diversifizieren können. Sie gewinnen zusätzliche Flexibilität gegenüber thesaurierenden ETFs. Steuerlich müssen Sie sich auch keine Gedanken machen, da in Deutschland Ausschüttungen – über dem steuerlichen Freibetrag[18] – direkt besteuert werden und Ihnen nur der Netto-Anteil nach Steuerabzug ausgezahlt wird. Dies ist auch bei gewinnbringenden Verkäufen von Einzelaktien oder Anleihen der Fall.

Um eine möglichst breite Diversifikation auch über Anlageklassen hinweg sicherzustellen, sollten Sie sowohl in ETFs investieren, die Anleihenmärkte abbilden, als auch in solche, die Aktienindices nachbilden. Sie investieren so in zwei unterschiedliche Anlageklassen und diversifizieren somit stark. Innerhalb der beiden Anlageklassen sollten Sie dann zusätzlich über Branchen und Regionen hinweg diversifizieren.

Als Aufteilung zwischen beiden Anlageklassen schlage ich Ihnen aufgrund des langfristigen Investitionshorizonts eine Übergewichtung von Aktien vor.

Aktien haben im Vergleich zu Anleihen eine höhere Renditeerwartung. Hinzu kommt, dass das Investitionsrisiko bei langfristiger Haltedauer und breiter Diversifikation überschaubar ist und Sie auf keinen Fall beunruhigen sollte. Ich schlage Ihnen daher einen maximalen Anteil von zwanzig Prozent von Anleihen an Ihrem monatlichen Investitionsvolumen vor. Der Prozentsatz bezieht sich hierbei bewusst auf Ihre monatliche Sparrate und nicht auf Ihren Portfoliowert oder Ähnliches.

---

[18]In Deutschland gibt es einen Sparerpauschbetrag, in dessen Höhe Zinsen, Dividenden und andere Kapitaleinkünfte nicht versteuert werden. Dieser liegt (Stand 2018) für Alleinstehende bei 801 EUR und für Ehepaare bei 1602 EUR.

Was ist ein Exchange-Traded Fund (ETF)?

Ein Exchange-Traded Fund oder kurz ETF ist ein Investmentfonds, der an der Börse gehandelt wird. Der Kauf und Verkauf von ETFs ist somit jederzeit über die Börse möglich.

ETFs bilden einen bestimmten Index nach (Indexfonds). Dies bedeutet, dass beispielsweise ein DAX-ETF den DAX eins zu eins nachbildet. Es bedarf somit keines Fondsmanagers, der Investitionsobjekte auswählt, denn der ETF investiert nur in die Werte, die in dem jeweiligen Index gelistet sind. Es ist somit stets transparent, in was ein ETF investiert. Die Wertentwicklung des ETFs ist daher mit der des abgebildeten Index identisch.

Die jährlichen Verwaltungsgebühren sind im Vergleich zu anderen Fonds gering. Sie liegen bei 0,1 bis 0,7 % pro Jahr. Dies ist lediglich ein Fünftel der Kosten von aktiv gemanagten Fonds. Beim ETF-Kauf fallen nur Ordergebühren an und keine zusätzlichen Gebühren, wie Ausgabeaufschläge. Diese liegen bei Aktienfonds im Schnitt bei fünf und bei Rentenfonds (investieren in Anleihen) bei drei Prozent.

Wie funktioniert ein ETF?

Um so exakt wie möglich die Wertentwicklung des dem ETF zugrunde liegenden Index nachzubilden, kommen zwei Methoden zum Einsatz: die physische und die synthetische Replikation.

Bei der physischen Replikation kauft der ETF-Anbieter die im jeweiligen Index enthaltenen Wertpapiere.

Bei der synthetischen Replikation werden hingegen keine Wertpapiere gekauft, sondern mittels eines speziellen Vertrages (SWAP) wird die Wertentwicklung des Index nachgebildet. In diesem Vertrag verpflichtet sich ein Kontrahent (z. B. eine Bank), Zahlungen zu leisten, die der Wertentwicklung des gewünschten Index entsprechen. Problematisch ist, dass, wenn der Kontrahent ausfällt, auch gleichzeitig das Zahlungsversprechen wegfällt (Kontrahenten-Risiko). Dieses Kontrahenten-Risiko gibt es bei physisch replizierten ETFs nicht. Kaufen Sie daher nur Anteile von physisch replizierte ETFs.

Bei physisch replizierten ETFs sind die vom ETF gehaltenen Wertpapiere Sondervermögen. Sie stehen im Insolvenzfall des Anbieters weiterhin ausschließlich den Käufern des ETFs zu und werden nicht in die Insolvenzmasse des Anbieters einbezogen. Sie werden – plastisch ausgedrückt – behandelt, als ob sie in einem Bankschließfach lägen. Bei einer Bankenpleite darf die Bank auch nicht einfach die Schließfächer ihrer Kunden ausräumen. Der Inhalt des Schließfachs gehört weiterhin alleine dem Kunden und nur dieser darf darüber bestimmen. So ist es auch bei physisch replizierten ETFs: Die vom ETF gehaltenen Wertpapiere gehören ausschließlich den ETF-Käufern.

Der Wert Ihres Portfolios wird im Zeitverlauf schwanken. Entwickeln sich beispielsweise Ihre Aktieninvestitionen sehr gut, so müssten Sie – wenn Sie sich an Ihrem Portfoliowert orientieren würden – irgendwann all Ihr monatliches Investitionsvolumen in Anleihen investieren, um so den Anteilswert an Anleihen im Portfolio wieder zu erhöhen. Dies ist aber nicht das Ziel, denn Sie wollen konstant breit diversifiziert investieren. Daher teilen Sie bitte immer Ihre monatliche Sparrate auf und orientieren sich nicht an Ihrem Portfoliowert. Dies bedeutet zum Beispiel, dass, wenn Sie 250 EUR monatlich in ETFs investieren, Sie davon nur maximal 50 EUR in einen Anleihen-ETF investieren. Der Rest sollte in verschiedene Aktien-ETFs fließen.

Die Auswahl von Anleihen-ETFs
Bei den Anleihen-ETFs ist es sinnvoll, auf Unternehmensanleihen zu setzen. Eine breit gestreute Investition in Unternehmensanleihen großer, etablierter Konzerne mit einem guten Rating[19] (gute Bonität) bietet eine hohe Sicherheit. Als Alternative kommen im Anleihenbereich Staatsanleihen in Betracht. Staatsanleihen mit einem guten Rating werfen aktuell jedoch eine nur sehr geringe – teilweise sogar kurzfristig negative – Rendite ab. Oft ist spätestens die Rendite nach Berücksichtigung der Inflation negativ. Aus diesem Grund eignen sich Staatsanleihen mit gutem Rating aktuell und solange deren Verzinsung weiterhin so niedrig bleibt nicht, um Vermögen aufzubauen. Setzen Sie stattdessen auf Unternehmensanleihen.

Um ein möglichst gutes Chancen-Risiko-Profil zu erreichen und keine unnötigen Risiken einzugehen, investieren Sie bitte nur in ETFs, die in Unternehmensanleihen investieren, die mindestens ein Investmentgrade-Rating[20] haben. Grundsätzlich gilt: Je besser das Rating der Anleihen, desto geringer ist deren Ausfallwahrscheinlichkeit.[21]

Sie sollten idealerweise ETFs auswählen, die in kurz- bis mittelfristig laufende Anleihen investieren. Dies bietet Ihnen gerade bei der aktuell vorherrschenden Niedrigzinsphase den Vorteil, dass bei steigenden Zinsen Ihr Geld nicht langfristig

---

[19]Ein Rating ist eine Bewertung der Zahlungsfähigkeit (Bonität) eines Schuldners. Ratings werden von Ratingagenturen erstellt. Die etabliertesten und größten privaten Ratingagenturen sind: Standard & Poor's, Moody's und Fitch. Die Einstufung des Schuldners erfolgt anhand einer Ratingskala in verschiedene Bonitätsstufen. Ein gutes oder sehr gutes Rating ist kein 100-prozentiger Garant dafür, dass das Unternehmen auch in Zukunft seine Schulden plangemäß zurückzahlen wird, aber es ist ein sehr, sehr starkes und in den meisten Fällen zutreffendes Indiz.

[20]Investmentgrade ist ein Oberbegriff für Ratings bester bis mittlerer Bonität. Bei den drei größten Ratingagenturen auf der Welt geht dieser Bereich von Aaa bis Baa3 bei Moodys und von AAA bis BBB- bei Standard and Poor's sowie Fitch.

[21]Bei einer AAA-gerateten Anleihe – bestes Rating – ist davon auszugehen, dass das Ausfallrisiko selbst längerfristig fast vernachlässigbar ist. Es handelt sich somit um einen Schuldner höchster Bonität.

in dann niedrigverzinste Anleihen investiert ist. Denn auch Anleihen unterliegen einem Kursrisiko.

Ein Kursrisiko bei Anleihen tritt dann auf, wenn sich das allgemeine Zinsniveau erhöht (die Zinsen steigen) und somit Ihre gehaltenen Anleihen sich relativ gesehen verschlechtern. War beispielsweise vor dem Zinsanstieg eine Anleihe mit einem Zinssatz von drei Prozent und einem AA-Rating gut verzinst, ist es danach vielleicht eine Anleihe mit vier Prozent und einem AA-Rating. Ihre gehaltene Aktie (3,0 %, AA-Rating) wird dann an Wert verlieren, da weniger Investoren sie kaufen möchten. Die Investoren, die neu investieren, wollen nun alle die mit vier Prozent besser verzinsten Anleihen mit gleichem Rating (gleichem Risiko).

Für den Fall, dass eine Anleihe bis zur Endfälligkeit gehalten wird, spielen Kursänderungen keine Rolle. Am Ende der Laufzeit wird unabhängig vom Zinsniveau der vereinbarte Rückzahlungsbetrag und während der Laufzeit werden die vereinbarten Zinszahlungen an die Investoren ausgezahlt. Wie sich der Kurs der Anleihe während der Laufzeit verändert, ist in diesem Fall irrelevant. Allerdings kann es sein, dass ETFs Anleihen vor ihrer Endfälligkeit verkaufen, in diesem Fall zum aktuellen Marktwert der Anleihe. Es existiert somit ein gewisses Kursrisiko, je nachdem, wie sich das Zinsniveau nach dem Kauf der Anleihe bis zum Verkauf entwickelt hat. Sie sollten daher, um dieses Risiko zu reduzieren, ETFs auswählen, die in Anleihen mit kurz- bis mittelfristiger Laufzeit von bis zu drei Jahren investieren. Solche Anleihen reagieren weniger stark auf Zinsniveau-Änderungen als Anleihen mit langfristigen Laufzeiten von beispielsweise fünf oder zehn Jahren

Insgesamt können Sie sich bei der Auswahl Ihrer Anleihen-ETFs an folgender Checkliste orientieren:

Checkliste für die Auswahl von Anleihen-ETFs

- ETF ist ausschüttend.
- ETF investiert in große, etablierte Unternehmen mit mindestens einem Investmentgrade-Rating.
- ETF investiert in Anleihen kurzer bis mittlerer Laufzeit von maximal drei Jahren.

Für eine möglichst breite Diversifikation sollten Sie zusätzlich darauf achten, dass Sie ETFs auswählen, die global breit gestreut investieren. Wenn Sie ein sehr hohes monatliches Investitionsvolumen haben und demzufolge auch in mehrere Anleihen-ETFs investieren können, dann können Sie beispielsweise alternativ auch ETFs kaufen, die jeweils separat in Unternehmensanleihen aus den Regionen Europa, Nord-Amerika und Asien investieren. Schwellenländer kommen hier weniger infrage, da Sie vorwiegend in etablierte Großkonzerne investieren möchten und diese eher in den genannten drei Regionen ansässig sind.

Zusammenfassend verfolgen Sie mit Ihrer monatlichen Investition in Anleihen-ETFs das Ziel der Generierung eines sicheren passiven Einkommens. Sie erhöhen gleichzeitig durch die globale Ausrichtung die Diversifikation Ihres Portfolios.

Die Auswahl von Aktien-ETFs
Der Großteil Ihres monatlichen Investitionsvolumens sollte in Aktien-ETFs fließen. Bei Ihren Investitionen in Aktien-ETFs sollten Sie – wie bei den Anleihen-ETFs – mit einem Teil Ihres monatlichen Investitionsvolumens das Ziel der Schaffung eines passiven Einkommens sowie einer globalen Streuung und somit eine hohe Diversifikation verfolgen. Dieser Teil bildet das stabile Wachstumsgrundgerüst Ihres Portfolios und zielt auf eine langfristige Partizipation an der Wertentwicklung der globalen Aktienmärkte ab. Er bildet sozusagen Ihren stabilen Vermögensaufbaumotor.

Hierfür bietet sich vor allem die Investition in Dividenden-ETFs[22] an. Sie generieren das gewünschte passive Einkommen durch die Ausschüttung der Dividenden.

Investieren Sie in eine Kombination aus mehreren Dividenden-ETFs, die einen unterschiedlichen regionalen Fokus haben – z. B. Europa, Nord-Amerika und Asien. Durch eine solche Kombination erreichen Sie zum einen eine umfassende regionale

---

[22]Unter Dividenden-ETFs verstehe ich ETFs, die in dividendenstarke Aktien investieren. Meist fokussieren diese ETFs entweder global oder auf eine bestimmte Region und erwerben aus diesem Bereich die Aktien mit der höchsten Dividendenrendite.

Diversifikation (über verschiedene Länder und Regionen) und zum anderen diversifizieren Sie innerhalb der jeweiligen Region über verschiedene Unternehmen aus unterschiedlichen Branchen.

Ein weiterer Teil Ihres monatlichen Investitionsvolumens sollte spezialisierter investiert werden, um so auf einen bestimmten „Trend" zu setzen. Unter einem Trend verstehe ich in diesem Zusammenhang eine Entwicklung, die die Zukunft verändern wird. Diese Entwicklung sollte so bedeutend sein, dass sie nicht nur einen Industriezweig oder einen kleinen Teil der Gesellschaft verändert, sondern sich vielmehr auf das Leben nahezu aller Menschen auswirkt. In der Vergangenheit waren solche Trends beispielsweise das Automobil oder aktuell das Internet. Zukünftige Trends könnten Biotechnologie oder Roboter (intelligente Automatisierung) sowie künstliche Intelligenz sein. Setzen Sie auf den richtigen Trend, so werden Sie mit einer Top-Rendite belohnt werden.

Der Anteil, den Sie in Trends investieren, sollte wesentlich geringer sein als der Anteil, den Sie global diversifiziert in Dividenden-ETFs investieren. Er stellt lediglich eine Beimischung in Ihrem Portfolio dar und kann bei der Auswahl des richtigen Trends zum Vermögensbooster werden.

Allerdings ist es nicht möglich, im Voraus mit Sicherheit zu sagen, welcher Trend die Zukunft verändern wird. Die Investition in eine bestimmte Industrie oder Branche stellt daher ein spekulatives Investment dar. Inwieweit Sie solche spekulativen Investments tätigen, ist Ihnen freigestellt. Allerdings sollten Sie immer – egal wie risikofreudig Sie sind – nur einen geringen Anteil Ihres monatlichen Investitionsvolumens in Trends investieren (beispielsweise um die 20 %).

Bei der Auswahl der ETFs für die Investition in einen Trend ist es nicht wichtig, ob der ETF ausschüttend ist oder nicht. Ziel ist ein hoher Kursgewinn und nicht die Generierung von passivem Einkommen. Außerdem ist davon auszugehen, dass junge, innovative Unternehmen aus Wachstumsbranchen meist eher keine Dividenden ausschütten, sondern erwirtschaftete Gewinne in das eigene Unternehmen reinvestieren. Zusammenfassend

5.3 Wie Sie zielgerichtet Vermögen aufbauen

dargestellt verfolgen Sie mit der Investition in Aktien-ETFs bei der Global-Trend-ETF-Strategie zwei Investitionsziele:

1. Durch den Kauf von global gestreuten Dividenden-ETFs bauen Sie sich passives Einkommen auf und partizipieren langfristig am Wachstum der Kapitalmärkte weltweit.
2. Durch den Kauf von Aktien-ETFs, die in ausgewählte Industrien oder Branchen investieren, setzen Sie auf mögliche Zukunftstrends. Bei Auswahl des richtigen Trends können Sie mit sehr hohen Renditen rechnen.

Beispiel: Global-Trend-ETF-Strategie mit 250 EUR monatlicher Sparrate
Nehmen wir einmal an, Sie haben Ihren finanziellen Schutz erreicht (Abschn. 4.1 und 5.2) und wollen nun in Ihre finanzielle Selbstbestimmung investieren. Hierfür stehen Ihnen 250 EUR pro Monat zur Verfügung. Folgen Sie der Global-Trend-ETF-Strategie, so sollten Sie Ihre monatliche Sparrate wie folgt aufteilen (siehe auch Abb. 5.1):

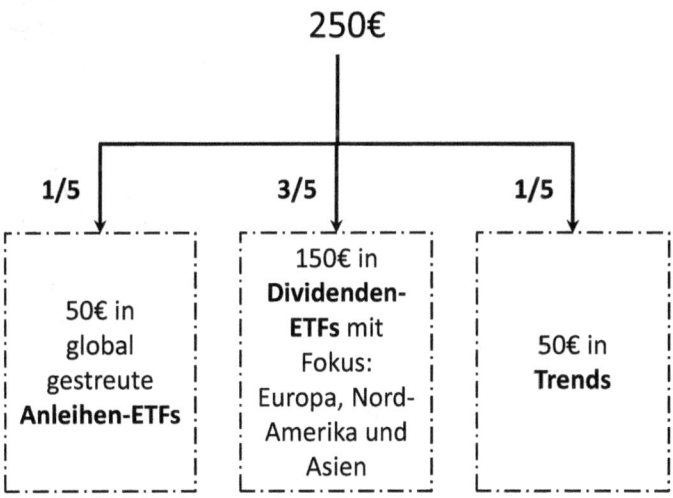

Abb. 5.1 Umsetzung der Global-Trend-ETF-Strategie mit 250 EUR monatlich

- 20 % (50 EUR) in global gestreute Anleihen-ETFs, die in Unternehmensanleihen mit Investmentgrade-Rating investieren,
- 60 % (150 EUR) in Aktien-ETFs, die in Dividendentitel aus den Regionen Europa, Nord-Amerika und Asien investieren und
- 20 % (50 EUR) in einen Trend, wie beispielsweise Biotechnologie, Roboter (intelligente Automatisierung) oder künstliche Intelligenz.

Insgesamt erreichen Sie so eine globale Diversifikation über verschiedene Anlageklassen (Aktien und Anleihen), Regionen, Branchen und Unternehmen. Sie bauen passives Einkommen durch die Investition in Anleihen-ETFs und Dividenden-ETFs auf. Gleichzeitig partizipieren Sie an der Wertentwicklung der globalen Aktienmärkte und nicht zuletzt investieren Sie in die Zukunft (Trends) und können so potenziell hohe Kursgewinne erwirtschaften.

Wie Sie bereits ab 50 EUR monatlich in Ihre finanzielle Selbstbestimmung investieren
Sind Sie aktuell in der Situation, dass Sie Ihren finanziellen Schutz erreicht haben (Abschn. 4.1; Kap. 5), aber nur wenig Geld – beispielsweise 50 EUR im Monat – zur Verfügung haben, um nun in Ihre finanzielle Selbstbestimmung zu investieren: Dies ist kein Hinderungsgrund!

Allerdings sollten Sie sofort damit beginnen, sich dafür einzusetzen, zusätzliche Einkommensquellen zu generieren (siehe hierzu Kap. 5). Je mehr Sie monatlich investieren können, desto schneller werden Sie Ihre finanzielle Selbstbestimmung erreichen.

Solange Sie nicht genug Geld haben, um Ihre monatlichen Investitionen in verschiedene ETFs zu diversifizieren, sollten Sie in einen global ausgerichteten Dividenden-ETF investieren. Alternativ könnten Sie auch auf einen ETF setzen, der einen globalen Aktienindex abbildet. Hier kommt beispielsweise der

MSCI World[23] Index infrage. Wichtig ist, dass der ETF, den Sie wählen, ausschüttend ist, um von Anfang an passives Einkommen zu generieren.

Im Zeitverlauf werden Sie Ihr monatliches Investitionsvolumen steigern können. Sie könnten dann beispielsweise zunächst bis zu einem Betrag von ca. 150 EUR monatliche Sparrate weiterhin ausschließlich in Dividenden-ETFs investieren. Danach könnten Sie auch einen Anleihen-ETF hinzunehmen und ab ca. 250 EUR auch in Trends investieren. Wie Sie im Endeffekt Ihre monatlichen Investitionen aufteilen, steht Ihnen frei. Sie müssen sich vor allem damit wohlfühlen.

Was mache ich bei fallenden Kursen?
Aufgrund des langfristigen Anlagehorizonts werden Sie unweigerlich auch in die Situation geraten, dass es zu Kursverlusten am Aktienmarkt kommen wird. Ihre Investitionen werden dann zumindest vorübergehend an Wert verlieren. Je nachdem, wie stark der Einbruch der Kurse am Aktienmarkt sein wird, kann es sogar dazu kommen, dass Ihre Investitionen in den Verlustbereich rutschen. Wenn Sie nun verkaufen würden, würden Sie Geld verlieren. Sie müssen aber nicht verkaufen. Ihre Anlagestrategie ist nämlich langfristig orientiert und basiert auf Geld, das Sie nicht zum alltäglichen Leben benötigen. Sie können daher Kurseinbrüche als Chance nutzen, um zu günstigen Preisen zu investieren.

Sparpläne bieten Ihnen zusätzlich den Vorteil, dass Sie auch dann, wenn viele andere Investoren sich nicht trauen, zu investieren – beispielsweise während oder kurz nach einem Börsencrash –, trotzdem automatisch investieren und somit die Chance des günstigen Einstiegs nutzen. Häufig bieten sich nämlich die besten Chancen für lukrative Investments, wenn alle Angst haben, zu investieren.

Gerade Privatinvestoren trauen sich häufig nicht, zu investieren, wenn Aktienkurse fallen. Sie haben einfach Angst, zu früh zu investieren und Geld zu verlieren. Investieren Sie mit Hilfe von

---

[23]Der MSCI World Index umfasst Aktien aus 23 Industrieländern. Im Januar 2017 enthielt er 1654 Einzeltitel.

Sparplänen, so müssen Sie sich überhaupt nicht entscheiden, ob Sie jetzt oder besser später investieren, denn Sie investieren regelmäßig und automatisch. Sie nutzen auf jeden Fall auch die günstigen Einstiegschancen.

Durch die monatliche regelmäßige Investition per Sparplan werden automatisch während und nach einem Kurseinbruch günstig Anteile gekauft. Die gesamten Einstandskurse verbilligen sich demzufolge im Durchschnitt. Bei erneutem Kursanstieg erhöht sich Ihr Gewinn. Dieses Phänomen wird als Cost-Average-Effekt bezeichnet.

Der Cost-Average-Effekt
Unter dem Cost-Average-Effekt (Durchschnittskosteneffekt) versteht man die Tatsache, dass bei gleichbleibenden Investitionsbeträgen (Sparplänen) bei fallenden Kursen mehr Anteile erworben werden als bei konstanten oder steigenden Kursen.

Insgesamt verbilligt sich so der Durchschnittspreis der mittels Sparplan erworbenen Anteile bei vorübergehenden Kurseinbrüchen. Sie kaufen vorübergehend zu günstigen Preisen ein und bekommen so für den gleichen Investitionsbetrag mehr Anteile. Dies führt zu einem günstigeren Durchschnittspreis aller erworbenen Anteile. Für langfristig orientierte Investoren, die mittels Sparplänen investieren, ist es somit sogar positiv, wenn die Kurse zeitweise sinken.

War's das nun?
Wir sind jetzt an dem Punkt angekommen, an dem Sie das notwendige Grundwissen haben, um sich selbst auf den Weg zu Ihrer persönlichen finanziellen Selbstbestimmung zu begeben. Ihre finanzielle Vision mit Leben zu füllen.

Dies bedeutet nicht, dass Sie auf dem Weg dorthin nichts mehr lernen sollen bzw. müssen und werden. Wer aufhört zu lernen, bleibt stehen und entwickelt sich nicht weiter – weder finanziell noch persönlich.

Sie werden es erleben: Je nachdem, wie schnell Sie dazulernen und sich selbst weiterentwickeln – wie Sie selbst wachsen –, so schnell wird auch Ihr Einkommen und Vermögen wachsen.

5.3 Wie Sie zielgerichtet Vermögen aufbauen

Fangen Sie an und bauen Sie Ihren finanziellen Schutz auf, um dann durch gezielte Investitionen finanzielle Selbstbestimmung zu erlangen. Vergessen Sie hierbei aber bitte nie: Es geht nicht nur um Geld. Nein, es geht darum, Ihr Leben und das Leben anderer positiv zu beeinflussen, damit ein selbstbestimmtes Leben möglich wird.

Sie werden sicherlich auf Ihrem Weg lernen: **Erst Geben macht wirklich reich ...**

Kapitel 5.3.3 in Kürze
Ideen, die Ihr Leben verändern ...

- Die Global-Trend-ETF-Strategie ist eine mögliche Investitionsstrategie für die zweite Phase Ihres Wegs zur finanziellen Selbstbestimmung.
- Überblick Global-Trend-ETF-Strategie – Investitionsziele:
  1. Generierung von passivem Einkommen
  2. Globale Diversifikation über Anlageklassen, Regionen und Branchen hinweg
  3. Partizipation an der langfristigen Wertentwicklung des globalen Aktienmarkts („Vermögensaufbaumotor")
  4. Schaffung von Chancen für hohe Gewinne durch Investition in zukünftige Trends („Vermögensbooster").

Gehen Sie in die Aktion!

- Investieren Sie durch Sparpläne monatlich in ETFs.
- Investieren Sie nicht nur in einen ETF, sondern teilen Sie Ihren monatlichen Investitionsbetrag auf.
- Investieren Sie in Aktien- und Anleihen-ETFs.
- Teilen Sie Ihre monatliche Sparrate auf und orientieren Sie sich nicht am Portfoliowert.
- Idealerweise sind die von Ihnen gewählten ETFs ausschüttend.

- Übergewichten Sie aufgrund des langfristigen Investitionshorizonts Aktien.
- Investieren Sie in Unternehmensanleihen großer, etablierter Konzerne mit einem Investmentgrade-Rating.
- Investieren Sie in Anleihen-ETFs, die in kurz- bis mittelfristig laufende Anleihen investieren.
- Investieren Sie in Dividenden-ETFs, um passives Einkommen zu generieren.
- Investieren Sie in eine Kombination aus mehreren Dividenden-ETFs mit einem unterschiedlichen regionalen Fokus.
- Investieren Sie mittels Aktien-ETFs (nicht zwingend ausschüttend) zusätzlich in „Trends" (Entwicklungen, die die Zukunft verändern werden).
- Investieren Sie einen wesentlich geringeren Anteil in „Trends" als in global diversifizierte Dividenden-ETFs.

Literatur

B. Metzler seel. Sohn & Co. KGaA, Deutsches Aktieninstitut e. V., Deka-Bank Deutsche Girozentrale, und Union Asset Management Holding AG. 2016. Lebensstandard im Alter sichern – Rentenlücke mit Aktien schließen (ISBN: 978-3-934579-77-4). https://www.dai.de/files/dai_usercontent/dokumente/studien/2016-12-06%20Studie%20Aktienorientierte%20Altersvorsorge%20DAI%20Deka%20Metzler%20UI.pdf. Zugegriffen: 27. Sept. 2017.

BERKSHIRE HATHAWAY INC. 2014. Letter to shareholders. http://www.berkshirehathaway.com/letters/2013ltr.pdf. Zugegriffen: 12. Febr. 2018.

DeMiguel, Victore, Lorenzo Garlappi, und Raman Uppal. 2009. Optimal versus naive diversification: How inefficient is the 1/N portfolio strategy? *The Review of Financial Studies* 22 (5): 1915–1953.

Dobelli, Rolf. 2014. *Die Kunst des klugen Handelns – 52 Irrwege, die Sie besser anderen überlassen*, 2. Aufl. München: Hanser.

Fama, Eugene F., und Kenneth R. French. 2010. Luck versus skill in the cross section of mutual funds return. *Journal of Finance* 85 (5): 1915–1945.

Ferriss, Timothy. 2016. *Die 4-Stunden-Woche – Mehr Zeit, Mehr Geld, Mehr Leben*, 5. Aufl. Berlin: Ullstein.

Glaser, Markus. 2003. Investor overconfidence and market outcomes. Empirical and experimental evidence. Dissertation an der Universität Mannheim.

Glaser, Markus, und Martin Weber. 2003. Momentum and turnover. Evidence from the German stock market. *Schmalenbach Business Review* 55:108–135.

Gränitz, Marko. 2014. Der Momentum-Effekt und Momentum-Handelsstrategien – Eine quantitative Analyse, Dissertation Universität Kassel.

Griese, Knut, und Kempf Alexander. 2003. Lohnt aktives Fondsmanagement aus Anlegersicht? Ein Vergleich von Anlagestrategien in aktiv und passiv verwalteten Aktienfonds. *Zeitschrift für Betriebswirtschaft* 73:201–224.

Jacobs, Heiko, Sebastian Müller, und Martin Weber. 2014. How should individual investors diversify? An empirical evaluation of alternative asset allocation policies. *Journal of Financial Markets* 19 (June 2014): 62–85.

Jegadeesh, Narasimhan, und Sheridan Titman. 1993. Returns to buying winners and selling losers. Implications for market efficiency. *Journal of Finance* 48:65–91.

Kilka, Michael, und Martin Weber. 2000. In *Internationale Diversifikation von Aktienportfolios. Home Bias in Kurserwartungen und Präferenzen, Bd. 2323, Reihe 5, Volks- und Betriebswirtschaft*, Hrsg. Europäische Hochschulschriften. Frankfurt a. M.: Lang.

Malkiel, Burton G. 2003. The efficient market hypotheses and its critics. *Journal of Economic Perspectives* 17 (1): 59–82.

Plötz, Felix. 2016. *Das 4-Stunden-Startup – Wie Sie Ihre Träume verwirklichen, ohne zu kündigen*. Berlin: Econ.

Erst Geben macht Sie wirklich reich 6

> In diesem Kapitel geht es um das Thema „Geben von Geld" und warum erst Geben wirklich reich macht. Es wird dargestellt, was Geben bei Ihnen selbst auslöst und was es für Ihr Unterbewusstsein symbolisiert. Außerdem wird die Frage nach der „richtigen" Höhe und dem richtigen Zeitpunkt für Spenden etc. diskutiert.

Unser tägliches Handeln beeinflusst unsere Zukunft viel stärker, als die meisten von uns es sich vorstellen können. Fakt ist: Wie wir leben, was wir ausstrahlen und vor allem, was wir denken, erhalten wir zurück. Wir alleine haben hierbei die Entscheidung zu treffen, ob wir Positives oder Negatives in die Welt senden. Sie selbst verstreuen sozusagen Tag für Tag die Saat für Ihre persönliche Zukunft. Aus dieser Saat wird das wachsen, was Sie in Zukunft ernten werden. Vergessen Sie nicht: Das universelle Gesetz SEIN – TUN – HABEN wirkt in allen Bereichen (Abschn. 1.1).

Wussten Sie schon, dass es den meisten Menschen mehr Freude bereitet, etwas zu verschenken, als etwas zu bekommen? Probieren Sie es doch einmal aus, Sie werden erstaunt sein. Insgesamt wird es Ihnen besser gehen und Sie werden glücklicher und zufriedener sein.

Es geht hierbei nicht darum, viel zu geben. Selbst kleine Gesten – wie das Schenken eines Lächelns – können Berge versetzen und beispielsweise für einen Fremden in der Fußgängerzone den

Tag ins Positive kehren. Geben Sie etwas Positives an andere Menschen, so entsteht ein unsichtbares positives Band zwischen Ihnen und dem Empfänger. Sie teilen positive Energie mit anderen und ziehen so Positives für sich selbst an.

Die „unsichtbare" Kraft des Gebens
In Bezug auf Geld ist es nicht anders. Wenn Sie Geld von Herzen ohne Hintergedanken geben, dann bekommen Sie ein Vielfaches davon zurück. Sie fragen sich jetzt sicher: Wieso ist das so? Das kann doch gar nicht sein?

Ich kann Ihnen nur sagen: Ich bin davon überzeugt und kenne viele Beispiele, bei denen es so war. Leider kann ich Ihnen jedoch keine wissenschaftliche Erklärung oder Ähnliches dafür geben. Ich kann Ihnen nur raten: Probieren Sie es einfach einmal aus und lassen Sie sich überraschen, was passiert. Im „schlimmsten" Fall haben Sie einfach einem anderen Menschen etwas Gutes getan, ohne etwas dafür zurückzubekommen.

Was Geben indirekt bei Ihnen selbst bewirkt
Bereits in Abschn. 2.2 habe ich Ihnen erläutert, dass einer der wichtigsten Faktoren beim Umgang mit Geld ist, dass Sie sich nicht an Ihr Geld klammern und es als ein rares Gut behandeln. Versuchen Sie Geld krampfhaft festzuhalten, so entwickeln Sie Ängste und werden diesen unbewusst nachlaufen und Fehler machen. Fakt ist: Sie können nicht reich werden, wenn Ihr Handeln durch Gedanken der Angst und Armut beschränkt und bestimmt wird.

Der Akt des Gebens signalisiert hingegen ein gewisses Maß an Überfluss. Durch das Geben von Geld klammern Sie sich nicht daran, sondern lassen es frei fließen. Gleichzeitig zeigen Sie, dass Geld bei Ihnen „gut" aufgehoben ist. Sie lassen andere an Ihrem Vermögen teilhaben und sorgen so dafür, dass Geld seine positive Kraft entfalten kann.

Wenn Sie Geld uneigennützig an andere geben, ist dies gleichzeitig eine Art von Vertrauensbeweis in Sie selbst. Es zeigt, dass Sie davon ausgehen, dass auch in Zukunft genügend Geld für Sie und Ihre Familie da sein wird und dass Sie mit diesem Geld gut auskommen werden. Sie bekunden Vertrauen in sich selbst und die Überzeugung, dass auch in Zukunft genügend Geld in Ihr Leben treten wird. Man kann sogar sagen: Indem Sie Gutes mit Ihren Geld tun, bauen Sie unbewusst Selbstvertrauen auf und entwickeln zudem ein positives Verhältnis zu Geld. Sie signalisieren Ihrem Unterbewusstsein, dass Sie mit Geld umgehen können und auch zukünftig Ihre Finanzen im Griff haben werden.

Wie viel soll ich geben?
Grundsätzlich sollten Sie nur etwas geben, wenn Sie dies aus freien Stücken und aus eigenem Antrieb möchten. Hierbei ist es nicht wichtig, wie viel Sie geben, sondern, dass Sie es tun. Es gibt keinen „richtigen" Wert und kein Maß, um einen festen Betrag oder Prozentsatz zu bestimmen, den Sie „optimalerweise" von Ihrem Einkommen spenden sollten.

Grundsätzlich sollten Sie am besten so viel geben, wie Sie wollen und wie Sie können. Denken Sie aber auch immer daran, dass Sie selbst abgesichert und versorgt sein sollten. Es hilft niemandem, wenn Sie durch das Spenden von Geld etc. selbst in Schwierigkeiten geraten. Oft geben gerade die Ärmsten relativ gesehen am meisten und manifestieren oder verschlimmern so sogar ihre finanziell angespannte Lage. Dies ist nicht Sinn der Sache. Sie sollten nie so viel geben, dass Sie sich selbst nicht finanziell stabil weiterentwickeln und finanzielle Selbstbestimmung erreichen können.

Sie sollten sich meiner Meinung nach aber auch nicht darauf ausruhen, dass Sie sagen: Ich muss erst einmal finanzielle Selbstbestimmung erreichen, bevor ich mich engagieren kann. Jeder kann etwas tun und sich positiv einbringen. Dies muss auch nicht immer in Form von Geld sein. Engagieren Sie sich doch freiwillig sozial in einem Ehrenamt. Wenn Sie etwas tun möchten, dann werden Sie sicher etwas finden, das Sie stemmen können.

Wenn Sie lernen, von Herzen zu geben, dann wird Ihr Leben wirklich reich werden, und zwar nicht nur finanziell. Ich bin mir sicher: Jede Gabe von Herzen wird Ihnen „vergoldet" werden!

Kapitel 6 in Kürze
Ideen, die Ihr Leben verändern ...

- Den meisten Menschen bereitet es mehr Freude, etwas zu verschenken, als etwas zu bekommen.
- Beim Geben kommt es nicht auf die Menge an. Selbst kleine Gesten bewirken teilweise Wunder.
- Der Akt des Gebens signalisiert immer auch ein gewisses Maß an Überfluss.
- Grundsätzlich sollten Sie nur etwas geben, wenn Sie dies aus freien Stücken und aus eigenem Antrieb möchten.
- Sie sollten nur so viel geben, dass Sie selbst auch finanziell abgesichert sind, sich finanziell stabil weiterentwickeln und finanzielle Selbstbestimmung erreichen können.
- Lernen Sie, von Herzen zu geben, und Ihr Leben wird wirklich reich werden, und zwar nicht nur finanziell.

Gehen Sie in die Aktion!

- Geben Sie um des Gebens willen.
- Geben Sie am besten immer so viel Sie wollen und so viel Sie können.
- Warten Sie nicht ab – jeder kann etwas tun und sich positiv einbringen.

Sachverzeichnis

1/N-Portfolio, 149
50%-Spar-Turboansatz, 70, 93, 99

A
Abgeltungssteuer, 118
Aktie, 39, 42, 124, 125, 145, 147, 158
  Preis, 152
Aktieninvestment, Risiko, 124
Alltagskreislauf, 81, 83, 85, 92, 96, 108, 109
  Ziel, 82
Alltagspuffer, 87, 89, 93, 113
  Tagesgeldkonto, 87, 109
Anlagefehler, typische, 129
Anlageflexibilität, 98
Anlageklasse, 147, 150, 166
Anleihe, 39, 147, 158, 170
Arbeitslosigkeit, 89

B
Behavioral Finance, 138
Börsencrash, 124
Business-Einkommen, 41

C
Cost-Average-Effekt, 125, 176

D
Depot, 96, 97
Direktbank, 98
Dispositionseffekt, 134
Diversifikation, 145–149, 163, 164, 166, 171
  naive, 149
Dividende, 39, 125, 171, 172
Drift, 152

E
Effizienzmarkthypothese, 153
Einkommen, passives, 38, 39, 41, 42, 58, 104, 106, 108, 113, 116, 117, 122, 161, 164, 165, 171, 175
  Aufbau, 40, 58
  Definition, 38
Einkommens-Check-up, 50, 52, 93
Einmalinvestition, 97, 125, 163
Einmalzahlungs-Tagesgeldkonto, 91, 110

Endowment-Effekt, 134
Erstrang-Sparverhalten, 66, 67, 82, 83, 92, 96, 108
　Umsetzung, 67
Erträge, 99
Exchange-Traded Fund (ETF), 98, 150, 159, 165, 167, 169–172, 174
　Auswahl von Aktien, 171
　Funktionsweise, 167
Extremfallpuffer, 110, 111, 113

F
Finanzmarktforschung, 138
Finanzpuffer, 89, 90, 93, 113
Finanztag, 50, 52
Fonds, 98, 158
　aktiv gemanagte, 158, 159, 165
　passiv gemanagte, 158, 165

G
Gehaltserhöhung, 70, 83, 93, 131
Gehaltskonto, 86
Geldgeschäfte in der Familie, 136
Geldgewohnheit, X, 6, 7, 11, 15, 16, 30, 41
　negative, 8
Global-Trend-ETF-Strategie, 162, 163, 173

H
Haushaltsbuch, 47, 49, 51, 83, 89, 117, 120
Home Bias, 148

I
Immobilie, eigengenutzte, 32, 33, 35
Informationseffizienz, 153, 154
Investitionsentscheidung, 129
Investitionsrate, 120
Investitionsstrategie, 117, 118, 122, 127, 143, 162, 163
Investmentgrade-Rating, 169

K
Kartenzahlung, 26
Klumpenrisiko, 147
Konsumschulden, 73, 74
Korrelation, 147
Kursverlust, 175

L
Lebensversicherung, 98, 123, 140, 143

M
Market-Timing, 152, 156
Mental Accounting, 79–81
Momentum Effekt, 152

N
Niedrigzinsphase, 123

P
Perpetuum mobile, finanzielles, 36
Planung, finanzielle, 49, 53
Portfolio, 142, 146–148, 158, 171, 172
　1/N, 149
　Einkommen, 41
Preis einer Aktie, 152
Privatdarlehen, 136
Privatinvestor, 122, 123, 143, 148, 156, 158, 175
Problem der Mittelschicht, finanzielles, 36

Sachverzeichnis

R
Random Walk, 155
Rating, 169, 170
Referenzkonto, 96
Rendite, 46, 76, 97, 109, 117, 118,
  122, 124, 126, 131, 140, 141,
  143, 147, 159, 162
Renditedreiecke, 125
Residual-Sparverhalten, 64
Risiko, 123, 124, 140, 141, 147,
  162, 166
  Investitionen, 142
  Privatinvestor, 143
  systematisches, 142
  unsystematisches, 142
Risikolebensversicherung, 112, 113

S
Schulden, 51, 73, 75, 76, 102, 132
  Konsumschulden, 74
  Mindestrate, 75
Schutz, finanzieller, 11, 53, 102,
  108, 116, 162, 177
  Extremfallpuffer, 110
  Investitionen, 108
  Komponenten, 109
  Sparabfolge, 113
  Todesfall, 112
Selbständigkeit, 105
Selbstbestimmung, finanzielle, VII,
  2, 4, 6, 41, 52, 53, 58, 68, 76,
  96, 99, 101–103, 113, 116,
  117, 120, 123, 127, 143, 152,
  161, 162, 166, 173, 174, 176
  benötigtes Kapital, 117
  Definition, 1
  Investitionsstrategie, 162
  Sparen, 57, 62
  Vermögensaufbau, 12
Sicherheits-Tagesgeldkonto, 89, 109
Sparen, 57, 59, 61, 62, 68, 82
  50%-Spar-Turboansatz, 70, 99
  Sparverhalten, 64
Sparplan, 97, 125, 149, 165, 175,
  176

Sparrate, 162, 168, 173
Sparverhalten, 64
Sparziele, kurzfristige, 92
Spekulation, 122
Spenden, 181
Start-up, 104
Steuer, 131
Stock-Picking, 158, 165
Stop-Loss-Order, 134

T
Tagesgeldkonto, 85, 96, 109
Transaktions-Tagesgeldkonto, 96
Transparenz, finanzielle, 44, 45,
  49, 50
Zwei-Ordner System, 46

V
Verbindlichkeit, 11, 16, 28, 30, 31,
  35, 36, 52, 71
  Definition, 32
Vermögensaufbau, VII, 5, 65, 67,
  68, 75, 76, 81, 93, 98, 108,
  112, 116, 122, 163
Vermögensbilanz, 51
Vermögens-Check-up, 50–52
Vermögenskreislauf, 81, 82, 92, 96,
  99, 131
Vermögenswert, 11, 16, 28, 30, 31,
  35, 36, 40, 51, 82, 97, 99,
  103, 108, 117, 118, 130
  Definition, 32
Vision, X, 10, 11, 21, 53, 59, 76
  eigene, 53
  eines selbstbestimmten
    Lebens, 2
  finanzielle, 18
  und Realität, 50
Volatilität, 141

W
Wenn-dann-Sparverhalten, 64
Wünsche-Tagesgeldkonto, 92

Z

Ziel, X, 10, 18, 102, 118
   Emotionen, 21
   Investitionen, 134
   unerreichbares, 19

Zinseszinseffekt, 60, 61, 83, 99, 156
Zwei-Ordner System, 46

GPSR Compliance
The European Union's (EU) General Product Safety Regulation (GPSR) is a set of rules that requires consumer products to be safe and our obligations to ensure this.

If you have any concerns about our products, you can contact us on

ProductSafety@springernature.com

In case Publisher is established outside the EU, the EU authorized representative is:

Springer Nature Customer Service Center GmbH
Europaplatz 3
69115 Heidelberg, Germany

www.ingramcontent.com/pod-product-compliance
Lightning Source LLC
LaVergne TN
LVHW020345260326
834688LV00045B/1549